プロセスで学ぶ

大学生の
レポート・論文作成

Essay and Thesis Writing for University Students: A Step-by-Step Guide

今村圭介・原田幸子 編

ひつじ書房

まえがき

（本書をお使いになる学生の方へ）

　本書は、主に大学に入ったばかりの学生に対する教科書として作成されています。レポートを書くにあたって基本的な事項をコンパクトにまとめました。レポート・論文の書き方は突き詰めれば非常に詳細に学ぶ必要があるのですが、初年次にはまずそのエッセンスとなる部分を学ぶことが重要です。

　本書では、レポートを書くことのプロセスを体験しながら、そのようなエッセンスを学べるようになっています。レポートを書くということは、非常に骨の折れることで、中々取り掛かることができない人もいると思います。実を言うと、筆者らのように書くことを半ば生業にしているような人でも、論文や本などで長い文章を書くことは非常に億劫に感じてしまうこともあります。つまり、大きなタスクに取り掛かることは誰でも躊躇してしまうものなのです。

　一方で、ゴールまでの道筋が見え、そのプロセスを理解していれば、作業は自ずと進んでいくものです。また、一度そのプロセスを身につければ、その後の文章作成はずっと楽になります。もし、大学でレポートの書き方を学ぶ授業がないから本書を手に取ったという場合は、一度、本書を見ながら、一つの授業のレポートに取り組んでみてください。本書を使った授業に参加している学生は、その授業にしっかりと参加することで、大学4年間で必要な文章作成の基礎を身につけることができます。

　「書く」という行為自体は、義務教育を受けていれば誰でもできることではあります。一方で本当に伝わる文章を書ける人は非常に限られた人だけです。文章を書くのが好きで、苦に感じたことがない人も、実はその方法が自己流で、全く相手に伝わらないものになっているということも少なくありま

せん（個人的には「自信がある」と思っている人ほど、伝わらない文章を書く傾向にあるようにも思います）。そのため、レポートの書き方を学ぶ必要性を感じないという場合も、もう一度フレッシュな気持ちで取り組んでみるようにしてください。自分の足りない部分が必ず見えてくるはずです。

　本書で学ぶ基礎は必ず、卒業論文、またその先まで活きてきます。レポート作成の度にプロセスを再確認し、手順を踏まえた執筆を繰り返すことにより、文章作成能力を向上させていきましょう。文章を書くことは、単なる学業の一部ではなく、自分の考えや知識を他者に伝えるための重要なスキルです。このスキルは、大学生活だけでなく、社会に出た後も活用できる財産となります。本書を参考にしながら、大学生活でそのスキルを磨き、自分の可能性を広げていってください。本書がそのための一助となれば幸いです。

2025年2月末日　著者一同

まえがき

（本書をお使いになる先生方へ）

　本書『プロセスで学ぶ大学生のレポート・論文作成』は、主に初年次の大学生に向けて作られたアカデミック・ライティングの教科書です。良質な類書が多く存在する中で本書の刊行に至ったのは、特にプロセスに重点を置いた、レポート・論文の書き方が必要だと思ったためです。初年次の大学生がレポートに取り掛かる際に、もちろん作文技術やレポートの作法なども学ばなければなりませんが、それと同時にレポート作成の手順や研究の流れといったプロセスや、各プロセスで利用できるツールなども心得ておく必要があります。実際のレポート・論文の作成には様々なプロセスがありますが、一度、様々なツールを利用しながら、典型的な作成プロセスを体験することで、後のレポート作成や卒業論文作成に大いに役に立つと考えられます。

　近年、文部科学省によってアクティブラーニングが推進され、能動的に思考し行動できる学生が多くなったことが実感できるようになりました。彼らは一から順を追って説明しなくても、必要な情報やツールを与えれば、自分で自由にアレンジして能動的に動けます。そのような学生には日々、感心させられる一方です。彼らに必要なのは、必要な知識の要点を伝え、課題遂行に役立つツールを教え、自ら思考・行動する時間を与えることだと思います。本書はそのような点を念頭に構成されています。

　なお、本書は筆者全員が東京海洋大学における必修授業「日本語表現法」（105分×13回の授業）の教科書として使っているものです。長年授業で培ってきた筆者の経験を基に作成をしています。半期で身につけられることに絞るために、レポート・論文作成において特に重要な点に絞った内容で構成しています。一方で、各章の内容を学びたい人のために「参考文献」を紹介する

ことで、より詳しい学びにつなげられるようにも配慮しています。

　各章はレポート・論文の作成プロセスの順で構成されています（13章〜15章は番外編）。各内容は卒論執筆の際にも重要となりますので、学生が4年間を通して利用できるものになっています。

　また、近年台頭してきた生成系AIの活用についても、1章を設けています。生成系AIは、様々な場面で活用され、仕事の効率化に欠かせないツールとなりつつあります。大学内でもその活用の場は広がっています。大学によっては利用を規制しようとする動きもありますが、学生には注意点だけでなく、活用方法も伝える必要があると考えたため、第2章ではそのような内容を取り扱っています。

　また、レポート・論文作成に関連する内容で、初年次の学生が身につけるべきスキルについても章を設けてあります。Microsoft Officeは小学生の頃から慣れ親しんでいる学生がいる一方で、レポート・論文作成に必要な機能を理解している学生はほとんどいません。また、発表の機会も増え、発表慣れしている学生が多い一方で、本当に伝わる発表を行うことができる学生は多くありません。メールに関しても機能やマナーを身につけている学生は少ないでしょう。いずれも初年次に基礎を身につけておくべきスキルです。

　本書を基に作成し、授業で利用しているパワーポイントは、https://www.hituzi.co.jp/hituzibooks/1290/ にて公開しています（次ページ末をご覧ください）。筆者も毎年微調整をして利用していますが、各大学のカリキュラムに合わせて改変をして、利用することができます。授業時間の関係上、十分に時間を割けていない部分もあるので、利用する場合は、その点にもご留意ください。また、一部スライドには、ノートとして説明や留意点を記載していますので、そちらも参考にしてください。

　なお、本書は留学生の大学院進学の予備教育のテキストとしても利用できます。異なる文化背景を持つ留学生は、日本で求められる学問的作法を学ぶ必要があります。本書の特に前半の内容は、大学院進学を目指す留学生が研

究計画書を作成する際に、重要となる要素が詰まっています。留学生が一度レポート作成のプロセスを経験することで、研究計画書作成の準備ができるとともに、大学院でのレポート作成の準備をすることもできます。

　なお、本書は今後も継続的に改訂していく予定です。ご質問やご意見、ご要望、またはフィードバックがございましたら、上記のURLに記載の連絡先までお知らせいただけますと幸いです。本書が皆様の教育活動に少しでもお役に立てましたら、著者一同これ以上の喜びはございません。

謝辞

　本書は、東京海洋大学品川キャンパスの授業、「日本語表現法」における授業実践に基づいて作られています。授業の基礎を作ってくださった、立命館大学教授（東京海洋大学名誉教授）の大島弥生先生、教材作成のためにレポートの利用を許可してくださった学生の皆様に、御礼申し上げます。また、東京海洋大学の岩田繁英先生、ひつじ書房の丹野あゆみ様には、校正の段階で大変有益なコメントをいただきました。併せて感謝申し上げます。

2025年2月末日　著者一同

教授用資料について
パワーポイントなどの教授用資料は下記のWebサイトでダウンロードしていただけます。
Webサイトを開くためにはユーザー名とパスワードを入力してください。
https://www.hituzi.co.jp/hituzibooks/1290/
ユーザー名：step　　　パスワード：Guide@1290

1 レポート・論文を書く前に

2 生成系AIの活用法を理解する

3 レポート・論文を構想する

4 情報を検索する

1

レポート・論文を書く前に

Point

1 文章を書く目的と読み手を意識する。

2 レポート・論文で求められるものを理解する。

3 ピア・ラーニングの大切さを理解する。

1.1　文章を書く上（発表をする上）で大切なこと

　レポート・論文を書く前にまずは、どのような文章を書く上でも大切なことを考えていきたいと思います。大学生の皆さんはレポート・論文やゼミの発表原稿などを書くことがほとんどですが、就職した後は様々な書類を書くことが予想されるからです。それら異なるタイプの文章を書くときにも重要なポイントは共通していることが多いので、レポート・論文の書き方を学ぶことで応用することもできます。

　文章を書くときに何が一番重要かと聞かれたら、筆者らは「**読み手意識**」と答えます。いくら良い文章を書いたとしても、それが読み手が求める、または期待する文章と異なっていたら、その文章は意味のないものになってしまいます。例えばレストランでピザを注文したのに、パスタが出されたら、客は「注文が違う」と指摘するでしょう。当たり前の話ですが、文章を書くときにはこのようなことは頻繁に起きています。「読み手」が要求するものは、

レストランの注文のように明確ではないことも多いですが、その場合でもしっかりと求められているものがあります。レポートでは、大学教員が学生に求めていること、論文ではその分野の専門家たちが書き手に求めていることを、まずしっかりと考えることが大切です。その点は、会社の報告書や業務日誌、計画書や指示書など各種書類でも同じです。

「読み手意識」というのは、読み手が求めている文章の大枠を掴めていることのほかにも、文章の細部にも関係します。普段の会話やプレゼンテーションなど口頭では、不明な点をその場で確認できるのに対して、文章は、書いてあることだけでその内容を理解しなければなりません。つまり、少しでも曖昧な部分や説明が足りない部分があってはならないのが文章です。書き手が読み手意識なしに好きに文章を書いていたら、当然、そのような曖昧な点・説明不足の点が出てきます。具体的にどのような点に気をつけるべきかについては本書を通じて学んでいきますが、**まずは読み手を強く意識して書くことから始める**ことが重要です。言い換えると、「本当にこの文章は読み手に伝わるだろうか」、「この語・表現は正しい使い方だろうか」など、自分の書いた文章に対して、自問を繰り返すことが重要なのです。

この点は発表をする際には、**聞き手意識**に置き換えられます。「聞き手にとってわかりやすい話し方はなんなのか」、「どのような展開がわかりやすいのか」、「聞き手がわからない専門用語はないか」などを考えることが必要になります。また、たとえ話す内容が同じでも、オーディエンスが異なれば、構成や話し方などの調整が必要になってきます。聞き手をしっかりと意識することで、発表の成否が決まってくるのです。

1.2　レポート・論文（発表）で求められるもの

それでは、レポート・論文または大学での発表で求められることは何でしょうか。それを考えるためには、まず大学での学びを考える必要があります。

大学は学問を行う場です。学問とは文字通り、「学んで」「問う」ということで、その繰り返しのサイクルであると筆者は考えます。学ぶと自然と問いが生まれ、問いが生まれるとそれに答えようと新たな学びが生まれるという

ことです。そのように、あるトピックにおいて、個人が自由に思考し、他者のデータや意見も吟味しながら、問いを追求していく、創造的な活動を行う場が大学だと思います。大学教員は、自身の研究活動を行う中で、このような学びと問いを繰り返しており、学生のロールモデルになる（べき）者です。研究分野の動向を適切に把握し、学生の教育に役立てています。一方で学生は、教員のような専門知識がないかもしれない中で、自分なりに、「学んで」「問う」ということを行っていきます。その**学びの過程の一部がレポートに書く内容**となります。授業の中で全てが個人の関心と合うことはないと思いますが、それぞれの授業内容を自分の興味関心の軸と関連させて常に考えることが大事だと思います。

　それでは、レポート（発表）で求められるものは、具体的にどのような点でしょうか。まずは前提として、しっかりとレポート課題の**指示に従っていること**が重要です。その上で、①**体裁が整っているか**、②**わかりやすく説得力のある論か**、③**主体的な考察がある**か、が重要であると考えられます。論文では、これに加えて、新規性・独自性などが求められます。

　まず、①体裁が整っているかは重要な点です。書き出しの位置のずれ、フォントの不統一、番号のずれ、参考文献の不備などがあると、レポート・論文自体の内容も不注意な点や考察の浅い点があるように思えてしまいます。学術論文の場合は、この部分に不備があると受付さえされない場合もあります。受付されたとしても体裁が整っていないと査読者による評価が著しく落ちて、内容面が評価されないことにつながります。また、書き言葉として整っているかも重要なポイントです。レポートにふさわしくない主観的な表現や口語が混ざると読み手の印象を落とします。なお、書き言葉については、得意不得意があるかもしれません。これは詰まるところ文章を読む習慣の違いが現れていると思います。書き言葉のインプットが少なければ、適切なアウトプットもできないということです。文章を書くことに苦手意識がある人は、文章を読む習慣を増やすことで改善していくことが必要でしょう。

　そして、②わかりやすく説得力のある論かどうかは、レポートの構成と中身の両方が関わってきます。まず、正しい手順を踏まえて、一般的な構成にしたがって書かれていることが重要です。中身の部分としては、事実ベース

の議論ができているか、しっかりと情報を集めてテーマについて考え抜かれているかが重要です。根拠に欠く主観に基づく、持論の展開は、説得力を欠く文章の典型例と言えます。またしっかりと時間を使って情報収集し、テーマに取り組んでいるかも重要なポイントです。レポートの場合はテーマの自由度が高い場合も多いので、普段より授業に関連して興味のあることについて考える習慣をつけることが大事になってくるでしょう。

さらに③主体的な考察があるかどうかも非常に重要です。調べたことのまとめだけで、自らの考察がない「調べ学習」で終わっているレポートは問題です。自らの問いと学びの過程、つまり情報を処理して考えた自分なりの考察が必要なのです。

以上の3点は、語学のように積み重ねで学ぶ部分がある一方で、作法や知識を習得することで大きく改善できるものでもあります。本書では、「学生が自由にテーマを選んでレポートを執筆する」という課題を与え、実際にレポート執筆の各プロセスを体験します。各プロセスで必要な知識やツールを学び、他のレポートまたは論文執筆に活かせる技術を学んでもらいたいと思います。

1.3　ピア・ラーニングの大切さ

筆者らがレポート・論文執筆の際に重要だと考える要素として、**ピア・ラーニング**があります。ピア・ラーニング（ピア活動）は、「仲間同士が、話しあいを通じて、協力的に学習を行う方法」です（大島ほか2014）。近年、文部科学省が推進するアクティブ・ラーニングの一種と言えます。ピア・ラーニングは、ピア（同僚、仲間）が協力して学びを進めることにポイントがあります。先ほど説明した「読み手意識」も、学生同士が読み手になり書き手の問題点を指摘することで、向上すると考えられます。時には教師が学生に直接教えるよりも、効果が高まると考えられます。一番の利点としては、対等な立場のピアと話をすることで、思考が妨げられず、**自由に話し合い**ができることでしょう。

ピア活動の大切さは、研究の場で特に強調することができます。学問は分

野によっては1人で黙々と行う活動のように思われますが、そのような分野でさえもピアとの対話が重要です。ピアと話すことによって、①自分の考えや理解が明確になり、②自分が気づかなかった指摘を受け取ることができます。前者に関して、人は自分が思っているよりも自分の考えを理解していない、ということが言えます。筆者（今村）は、大学院生の時に気軽に研究について話ができる先輩の存在が大きかったのですが、会話の中で「自分はこんな考えを持っていたんだ」と自分自身に驚いた経験があります。また後者に関して、すでに述べたように1人で完璧な文章を書くことは不可能です。研究を始めて15年以上経ち、様々な文章を書いてきましたが、重要な文章を提出する前には、必ず同僚に一度読んでもらい、指摘をもらって修正をした上で提出します。その度に、いかに完璧な文章が書けたと自分が思っても、穴があるということに気付かされます。また、学術雑誌を投稿する際には、掲載の前に査読というプロセスがあります。査読は英語では peer review と言われ、つまり同僚（同分野の査読者）による検討が行われ、掲載に値するか、修正が必要な点はないかが吟味されるのです。

　ピア・ラーニングを行う上で、話し手と聞き手に求められる点がそれぞれあります。話し手に求められる点は、先ほどの聞き手意識で、聞き手に求められることは、**傾聴**することと建設的な**反応**をすることです。どちらか一方が欠けていてはいけません。まずは、話し手の思考を広げるために、相手の話に興味を持って耳を傾け、評価を入れずに受け入れることが重要です。なんでも受け入れられ、話せるような雰囲気があってこそ、話が弾むものです。相槌や質問などを効果的に使い、相手の話をしっかりと引き出しましょう。一方で、傾聴するだけであれば、話し手の思考は十分に広がりません。しっかりと、相手の話に建設的な反応を示すことで、話し手に新たな視点が生まれてきます。反応には、聞き手自身の意見やアドバイスのほかに、確認・質問・疑問なども含まれます。単に理解できなかったことを伝えるだけでも相手の助けになります。相手の話に関連する知識を伝えるという事でも良いと思います。何でも良いので、相手の話に積極的に反応することを意識してください。話し手も聞き手もこのような点を意識してピア・ラーニングを行うことで、効果的な学習につながっていきます。

なお、ピア・ラーニングを行う上で、良い聞き手となることが難しいと感じる人もいるかもしれません。その原因としては、相手の話に興味を持てない、質問や意見を言うと相手を傷つけてしまわないか心配になる、といったものが考えられます。しかし、良い聞き手になる、つまり相手の話をうまく引き出す、ということは一種のスキルですので、本書のピア活動の中で試行錯誤をしながら、徐々にそのスキルを高めていってもらえればと思います。

個人・ピア活動

> **1**　これまで、どのような作文や小論文などを書いてきたかを振り返ってみよう。それらと大学でのレポートの違いはなんだろうか。

> **2**　大学の教師が「レポート」を学生に課す意図は、どんなものが考えられるだろうか。また、何を評価しようと考えているだろうか。それらを踏まえ、レポートを書く上で意識しなければいけないことはなんだろうか。

> **3**　これまでのグループ活動の中で、自身はどのような役割を担っていただろうか。ピア・ラーニングのポイントである「傾聴」と「反応」は、どの程度できていただろうか。また自身が改善すべき点はなんだろうか。

まとめ

❶文章を書く目的と読み手を意識する。

- 自分が認識しているよりも、ずっと読み手（聞き手）を意識できていないことを知ろう。

- まずは「読み手の存在」を想像することから始めよう。

❷ レポート・論文で求められるものを理解する。
- 大学は、自ら問い、学ぶ場所。その過程を記すのがレポート。
- 適切な体裁、わかりやすさと説得力、主体的な考察が求められる。本書（授業活動）を通じて、必要な知識・作法を習得し、文章力の向上に努めよう。

❸ ピア・ラーニングの大切さを理解する。
- 仲間と学び合い、高めあうことは、研究の場では必須。
- 本書の活動を通してピア活動を効果的に行うスキルを高めよう。

参考文献

大島弥生・池田玲子・大場理恵子・加納なおみ・高橋淑郎・岩田夏穂（2014）『ピアで学ぶ大学生の日本語表現（第2版）―プロセス重視のレポート作成―』ひつじ書房
　▶本書を執筆する出発点となった本です。ピア・ラーニングの大切さに重きをおき、その解説やピア・ラーニングを利用したレポート作成の過程がよくわかる本です。

2

生成系AIの活用法を理解する

Point

1 生成系AIとは何かを理解する。

2 生成系AIを活用する上での注意点を理解する。

3 ChatGPTの特徴と活用方法を理解する。

2.1 生成系AIと研究

2023年はChatGPTをはじめとした生成系AI（Artificial Intelligence、人工知能）の年でした。生成系AIとは、事前に学習した大量の文章データや画像データを元に、ユーザーが必要な文章や画像などを新たに生成するAIです。生成系AIは、様々な活用方法が考えられ、急速に利用が浸透しています。大学も例外ではなく、卒業式の挨拶などに活用するという話も聞きます。そのような時代において、レポート・論文にも生成系AIを利用するのが自然の流れだと考えられます。生成系AIは非常に有用である一方で、懸念すべき点や使用上の注意点を認識する必要があります。

まず、生成系AIを使用する前提として、**自らが主体的に考えること**があります。大学で学ぶべき「主体的に問う」という行為が、AIによってないがしろになってしまう可能性には十分に注意をする必要があります。間違っても、AIに答えを出させる、レポートを書かせるということはあってはなりま

せん。大学では基本的にはそのようなレポートは認められておらず、次の章で学ぶ「剽窃」という行為に当たります。

　これからの時代は、AIができないことを身につけていかなければなりません。その一つである主体的に問うという行為ができなければ、当然皆さんの仕事もAIに奪われていくでしょう。AIに使われるのではなく、AIの効果的な活用ができるようになるという意識を持つことが重要になってきます。

　生成系AIを活用するためには、注意点を認識した上で、具体的な活用方法を学ぶ必要があります。私たちが2024年の時点で活用できると考えているのは、「**対話相手として**」「**自己文章の推敲のため**」「**翻訳の補助のため**」です。例えば、本書では、ピアでレポート・論文に取り組むことを重要視していますが、時には友達以上に良い相談相手となる可能性もあります。

2.2　生成系AIを使用する上での注意点

　大学のレポート作成にChatGPTなどの生成系AIを使用する場合は、いくつかの注意点を考慮する必要があります。以下は一般的なガイドラインですが、具体的な要件は各大学や教育機関によって異なる場合がありますので、所属している大学のポリシーや教員の指示に従うことが最も重要です。

①著作権と引用規則の遵守

　ChatGPTは様々な情報源から学習しているため、生成されたテキストには著作権で保護された内容が含まれている可能性があります。必ず情報元を探し、引用規則に従い、適切な引用を行いましょう。

②自己責任の意識

　ChatGPTは自律的に文章を生成するモデルであり、その出力に対して最終的な責任は利用者にあります。生成されたテキストの正確性や適切性を確認し、必要に応じて修正や検証を行いましょう。

③独自のアイデアや研究の追加

　ChatGPTが提供する情報は一般的な知識に基づいていますが、あくまで参考とし、自分のアイデアや研究を中心に据えてレポート・論文を作成してください。独自の視点やコンテンツを追加することが重要です。

④学校や教員の方針を確認

　各大学や教員は異なる方針を持っている可能性があります。学校の倫理規定や提出物のガイドラインを確認し、それに従って行動してください。

　実は、2.2節のここまでの文章はChatGPTの助けを借りました。著作権の問題が出てくる可能性があるので、こちらで多少手を加えましたが、元の文章も非常に整理された文章で、要点をよくまとめていました。

　最後の④について、筆者らが一般的と考える方針を述べようと思います。基本的には、「**生成系AIが作成した文章のコピペは認められない**」ということです。この理由は最初の3点に要約されます。生成系AIは、学習に使った情報の真偽や信憑性が判断できません（していません）。また時に間違った情報を生成してしまうことがあります。結局は情報の真偽や信憑性の判断を、使用者自身が判断しなければいけないのですが、生成系AIが参照した情報は出典が示されないため、この判断を難しくしています。ですので、対話相手としては、アイデアを得ること、翻訳では、あくまでも翻訳のベースを作成してもらうということを念頭に利用しましょう。

2.3　生成系AIの技術

　生成系AIを利用するに当たって、その仕組みも多少は理解しなければいけません。仕組みがわからなければ、具体的な活用方法や注意点も曖昧になってしまうためです。ここでは、最も活用されている生成系AIであるChatGPTを例に考えていきましょう。ChatGPTのGはGenerative（＝生成）という機能を示し、PとTはそれぞれPre-trained（事前学習）とTransformer（トランスフォーマー）という、技術の核心を示しています。

トランスフォーマーはこれまでの自然言語処理とは一線を画す革新的な技術です。以前の自然言語処理は、逐語的に言語を処理していくことしかできなったため、文中の離れた位置にある単語の関係性や、文前後の関係が理解できず、単語や文の意味を正確に理解することができませんでした。トランスフォーマーが開発される前に機械翻訳を使用した人は、いかにAIが自然な文章を作れないかが身に染みていたと思います。トランスフォーマーは**並列処理**と言って、文章の単語を全て並列的に処理しており、その結果、文脈を考慮した文章の理解が可能となりました。これらの技術により、驚くほど正確な文章理解と生成ができるようになったのです。既存の文章を文脈も含めて正確に理解しているため、複雑な質問に対しても、適切な答えを出すことができるというわけです。

　P（Pre-trained）部分である事前学習には、いくつかのプロセスがあります。まずは大量のテキストデータから情報をインプットします。ChatGPTが処理しているデータ量は、GPT-3.5で45テラバイトのデータだと言われています。これは**兆単位の単語を処理**していることになるそうです。情報源はウェブページや書籍、ニュース記事、学術雑誌などとされています。取り込んだ文章の記述言語は英語が主な言語である一方で、様々な言語の文章も取り込んでいます。情報を取り込んだ後に、元の文章の一部を隠して穴埋めをする問題の作成・回答・答え合わせを全て自ら行う、自習を行っています。これにより、文章作成の際に、次に来る単語を正確に予測できるようになり、自然な文章が生成できるようになります。

　さらに、人間の手を入れた教師あり学習を含む**ファインチューニング**といわれる、特定のタスクに対応するための追加の学習や調整が行われています。大量の情報を処理しただけでは、人間の様々な質問に適切に対応することが難しく、また処理した情報の中には倫理的に望ましくない情報も含まれています。そのため、質問に適切に回答ができるようにするための調整が必要となってきます。質問と回答のペアを人が作って学習させたり、GPTが回答した情報の真偽・倫理的な問題・わかりやすさを評価する（報酬モデルと言われる）AIを作り、繰り返し評価させたりする事で、より良い回答が得られるように調整されているのです。

2.4 ChatGPTの特徴

ChatGPTを活用するに際して、特徴を把握する必要があります。GPT-3.5の主な点としては、以下のような点です。

a) 自然な文章を作成することができる
b) 2021年9月までの情報は大体把握している
c) 学習インプットは英語が中心である
d) 情報の真偽は精査できていない
e) 間違った情報を勝手に生成することもある

以上から、一番に言えることは、**正確な情報を生成することには使えない**ということです。つまり、あくまでも参考程度の情報に使うことに留めるべきでしょう。私も試しに自分の専門分野の論文を集めるように指示をしたところ、存在もしない論文を勝手に情報として出していました。また、学習に使ったインプットは英語が中心なので、メール作成なども英語をそのまま翻訳したような、日本語として不自然な構成になります。

一方で、メール以外の文章は自然に生成することができ、皆さんよりもずっと良い文章を書いてくれるかもしれません。また、2021年9月までの情報を大量に処理しているということは、その時点までの情報をほとんど把握しているということです。そのため、みなさんのレポート作成の過程で、大いに役に立ってくれるでしょう。

2.5 ChatGPTの活用

レポート作成において、ChatGPTを活用すべき点は、「対話相手として」「自己文章の推敲のため」「翻訳の補助のため」です。それぞれ、簡単にみていきましょう。なお、他にも要約など様々な活用方法があり、自分で色々と試してみて、活用方法を模索することが重要でしょう。

まずは、対話相手としての利用です。あるレポートの題を考えたとき、そ

れについて他人のフィードバックを得ることが重要であるということは前章で述べました。この相手をChatGPTにしてもらうということです。それによって新たな観点が生まれてくる可能性があります。一方で注意してほしいのは、ChatGPTに質問をしすぎないことです。主体はあくまでも自分にあるわけですから、質問をしすぎて自分で考えることをやめてしまったら、本末転倒になります。また、質問は漠然としたものではなく、**目的意識のはっきりした具体的な質問**にしましょう。人間に相談する時でも、漠然とした何を聞きたいかわからない質問には、答えにくいですよね。

次に文章校正です。ChatGPTは人間の言語を高度に処理することができるため、大学生（特に初年次）レベルの文章よりもずっと良い文章を書いてくれます。つまり、「次の文章を校正してください」と指示を与えるだけで、みなさんの文章をより良い文章にしてくれる可能性があります。試しに学生のわかりにくい文章をChatGPTに「次の文章を書き言葉で書き直してください」とお願いしてみました。すると、**元の文章よりもずっとわかりやすい文章**にしてくれました。具体的には、「読点の適切な使用」、「曖昧な形式名詞の置き換え」、「適切な語への置き換え」、「文の並列関係の整理」、「誤字の変換」、「長い文の分離」、「冗長な表現の簡潔化」などが認められました。もちろん、書き直された文章が、元の意味を正確に表しているとは限らないため、直された文章を全て使うのではなく、参考として使用するのが適切です。

さらに翻訳にも使えます。今までの機械翻訳は前後の関係や文脈を考慮した正しい訳を出すことができなかったのですが、その問題が解消されたため、ずっと自然な翻訳が可能になりました。山田（2023）では、ChatGPTと同じトランスフォーマーの技術を使った機械翻訳（日→英）の正確性や流暢さが、**プロの翻訳者と遜色ない**という結果が示されています。外国語の文章の意味把握には十分使えますし、実際に使う翻訳文章の作成にも使えます。例えば、英語文献の一部を直接引用したい場合に、翻訳のベースを作成してもらうこともできます。一方で、誤訳の可能性ももちろんありますので、自分の目で訳が正しいかしっかりと確認し、必要な手直しをする必要もあります。逆に言えば、これらの作業ができるだけの英語力がなければ、英語の文献を使うべきでないということも言えます。

以上のように、ChatGPTをはじめとした生成系AIは注意点も多くあります
が、レポート・論文作成の際に有力なパートナーとなり得ます。筆者（今村）
は英文を書く際のネイティブチェックのように利用をしており、作業の効率
化に役立っています。皆さんも積極的に活用することをお勧めします。

個人・ピア活動

1	ChatGPTのサイト（https://chat.openai.com/）にアクセスし、無料版の利用登録をしてみよう。

2	利用登録が終わったら、思いつくままに質問をしてみよう。

［ まとめ ］

❶生成系AIとは何かを理解する。

- 革新的な情報処理技術で大量のデータを学習することによって、ユーザーのニーズに応じた自然な文章や画像をAI自らが生成できるようになった。

❷生成系AIを活用する上での注意点を理解する。

- 生成系AI自体にレポートを書かせてはいけない。あくまでも自らの思考や学習活動の補助という位置付けでの利用をしよう。

❸ChatGPTの特徴と活用方法を理解する。

- 自然な文章を作成できるため、文章チェックや翻訳補助に、また対話相手として活用できる。一方で、情報の真偽や信憑性はAI自身で判断できないため、正確な情報を求めることには向かない。

参考文献

『中央公論』2024年3月号　中央公論新社
　▶「大学と生成AI」というタイトルの本号は60頁以上に渡り、大学の生成系AIに対する姿勢や、AI研究者による見解などが記述されています。

野口竜司 (2023)『ChatGPT時代の文系AI人材になる─AIを操る7つのチカラ─』東洋経済新報社
　▶ChatGPTの仕組みや自身のスキル向上への具体的な活用方法が、平易な文章で書かれています。

松原仁 (監) (2024)『文系のための東大の先生が教えるChatGPT』Newton Press
　▶ChatGPTの技術的な背景や今後のAIの発展に関して、やさしく解説をしています。数時間で読める内容なので、お勧めです。

山田優 (2023)『ChatGPT翻訳術─新AI時代の超英語スキルブック─』アルク
　▶翻訳の専門家である著者によるChatGPTの翻訳への活用についての本です。翻訳への利用の実践的な内容のみならず、AIと英語学習の未来予測などの論考もあり、読みごたえのある一冊です。

Column 1 ｜ 生成系AIのレポートは判別可能？

　生成系AIが作成した文章をコピペしてはいけないと言っても、必ず一定数の学生がそれをしてしまうことは予想がつくことです。そのような学生が気になるのは、生成系AIで作成した文章のコピペはバレるのかということです。

　生成系AIが書いた文章を検知するソフトウェアはすでにいくつも世に出ているようです。代表的なものとして、ChatGPT Zeroというものがあります。その精度には問題点も指摘されていますが、ある程度の有用性が確認されています。つまり、このようなソフトウェアを使えば、学生のレポートもAIに書かせているか容易に判別できるということになります。また、長年学生のレポートを読んでいる教員は、直感的にわかるものです。

　一方で学生は、生成系AIに書かせたことがバレないように、レポートの8割くらいを生成系AIに書かせることはできるでしょう。試しに、学生のレポートの題になりそうなトピックでChatGPTに整理させると、かなりまとまった内容を生成してくれます。そこから多少の調整を加えてChatGPTから得たアイデアを、あたかも自分の思考のようにレポートを書くことはできると思います。しかしこのようなレポート作成は、誰にもメリットがありません。自ら考えることを放棄してレポートを作成してしまっては、本人の成長に悪影響しかないでしょう。

3

レポート・論文を構想する

Point

1　研究とは何かを理解する。

2　研究（レポート・論文執筆）の流れを理解する。

3　問いを考える上で重要なことを理解する。

3.1　研究（レポート・論文）とは

　第1章（1.2節）でも述べたように、大学は学問を行う場所であり、学問とは問いと学びを繰り返す営みです。研究とは、特にその「問い」の部分に対して、研究者自らが調査、実験、考察などを行うことで、一定の答えを探ることであると言えるでしょう。そのような研究の成果を、学術的な手続きを踏まえて書き記したものが論文となります。つまり、研究を行う（レポート・論文を書く）ためには、良い問いを見つけなければなりません。良い問いを見つけることは決して容易なことではなく、良い問いを見つけることが研究の主要な部分であると考える研究者も多いと思います。

　それではどのようにしたら、良い問いを見つけることができるのでしょうか。その問いの答えは様々あるとは思いますが、筆者であれば**経験**と答えます。長い間、それぞれの専門分野で活動している研究者は、研究の動向や、研究に関連する社会の変化などに敏感になっています。何が良い研究テー

マ、問いになるかが理解できており、研究教育活動を行う中で、問いや問いにつながるアイデアが常に考えられています。学問論の研究者である宮野公樹は、**良い問いとは「探索したり発掘したりするのではなく「持ってしまうもの」」**と述べています（宮野 2021）。つまり、普段の思考活動の結果であって、頑張って生み出すものではないのです。

　大学生は、大学内外でそのような思考活動をしていきます。授業では、与えられた情報をもとに、自律的に思考を広げていくことが期待されます。良いレポートにつながる問いも、そのようにして生まれていくものだと思います。

3.2　研究の流れ

　研究の流れは、問いを立てることに始まり、その後、文献収集、研究課題・方法の決定、データ収集・分析、考察、課題の振り返り、という大まかなプロセスがあります。このような流れは、学術論文に記載する内容ともほぼ一致しています。もちろん卒業論文にも同じプロセスがあり、レポートもそれに準じた流れがあると言えます。

　研究を行う、論文を書く、もしくは、長いレポートに取り組むことは、途方もない作業になるように思えて、取り掛かるのに躊躇してしまうかもしれません。実際に筆者も含めて、中々気が乗らず作業に取り掛かれない時がある研究者も多いと思います。大きな作業を始める際にやる気を出すためには、**プロセスの細分化と明確化**（心理学におけるスモールステップ）が重要になります。言い換えると、比較的短い時間で達成可能な小さなゴールをいくつも作るということです。その小さなゴールを一つずつ達成すると大きなゴールに辿り着くようにすれば、自ずとやる気が出てくるということです。本書は、そのようなプロセスの細分化と作業の明確化を行い、必要な情報や役に立つツールを提示することで、レポート・論文執筆を手助けするという意図もあります。

　レポート・論文作成のプロセスの主要なものは以下のようなものです。研究者はすでに研究の下地を持っているので、このようなプロセスに沿っていないこともありますが、初学者はこの一つ一つについてしっかりと考えてい

く必要があります。なお、5〜6は（卒業）論文には必要ですが、レポートにはあまり関わらないところかもしれません。また、必ずしもこの順番通り進んでいくというわけではなく、実際にはこのプロセスを行き来します。実はこの本の執筆過程においても、アウトラインを作成した後に、議論や文章作成の中で新たな思考やアイデアが生まれ、内容や構成を何度も練り直しをしているのです。なお、研究発表は必須ではありませんが、発表においてフィードバックを得ることで、内容が磨かれていきます。卒論では中間発表があることも多いですし、論文の場合は学術誌投稿の前に学会発表を行うこともよくあります。

1	身近な疑問を中心にテーマについて考える（本章）
2	テーマについての情報を調べる（4章、5章）
3	既存の情報をまとめ、検討課題を絞る（問いを立てる）（6章）
4	アウトラインを作成し、筋道を立てる（7章）
5	調査・実験など研究デザインをする
6	結果をまとめ、分析・考察をする
7	適切な定義・表現・パラグラフを意識し、引用とともに、文章を構成していく（8章、9章、10章、11章）
8	表現・形式などをチェックする（12章）
＊	研究発表をする（14章）

　研究（レポート・論文作成）に取り組む際に留意していただきたいのが、**何か行動をしなければ、思考は深まっていかない**ということです。皆さんの頭の中には様々な思考が詰まっていますが、行動をしなければ停滞してしまいます。私自身も経験がありますし、周りの人でも同じ状況にある人も見てきました。研究者は考えることが好きな人が多いので、当然のことかもしれません。だからこそ、行動をしながら考えていくことの大切さを皆さんには強

調したいと思います。なお、行動とは、上記のプロセスの他に、皆さんが大学内外で行う活動のすべてを含みます。授業内活動以外にも、**知的好奇心を刺激する場に自ら足を運び**、思考を深めていくことも大事です。思考が停滞していると感じたら、教員や仲間と相談しながら、取り組み方を変えてみることをお勧めします。

3.3　問いについて考える

　研究に従事している人にとっては、「問いは持ってしまうもの」ですが、新たにレポート・論文執筆に取り掛かる場合は、身近な疑問から考えることが出発点です。一方で、身近な疑問の中には、レポート・論文で扱う「良い問い」に発展しにくいものもあります。そのため、まず良い問いのポイントを認識しておくことが重要です。

　レポート・論文における良い問いのポイントを挙げるとすると、次の4点が挙げられます。**①学術的・社会的な関心が高いもの、②個人的な関心が高いもの、③明確な結論が出ていないもの、④具体性があるもの**です。1点目に関して、レポートの場合は授業の取り組みに関わることで、授業の中である程度理解できることです。もちろん授業外で積み重ねてきた知識も重要になります。論文の場合は、指導教員と相談しながら学術的・社会的背景をよく考え、その中で自身の論文を位置付ける必要があります。2点目に関しても同様に大切です。授業のレポートの場合は、自分の興味・関心と授業内容を結びつける意識が必要になります。（卒業）論文の場合、指導教員の指導や他人のアドバイスに引きずられて、自分の興味・関心からはずれてしまうことがないように気をつけましょう。また、3点目に関して、明確な結論（もしくはそれに近いもの）が既に出ている問いであれば、皆さんの考察の余地がなくなるので、良いレポートにはなりません。もちろん論文としては成り立ちません。また、4点目に関して、具体性が足りない問いの場合は、論点が定まらず、明確な論を展開することができません。特に初年次の大学生は、この点に問題を抱える学生が多いように思います。レポート・論文を構想する際には、このような良い問いのポイントを認識することが重要です。

次に、身近な疑問を「問い」に発展させるためには、自分の思考を妨げずに、拡散させていくこと（**発散的思考**）が重要になってきます。以下ではいくつかの方法を紹介しますが、他にも方法はありますし、各自に合ったやり方を見つけて実践をしていく必要があります。重要なのは、頭の中だけでなく、手を動かして考えるということです。「**書く→考える・調べる→書く**」**という作業を繰り返しましょう**。なお、この時点では自分の疑問や考えが良いものかどうかは考慮しなくて大丈夫です。思考を広げていくために、とにかく書く量を増やしていくという作業が必要になります。

3.4　思考整理のツール

　思考を広げる第一歩は、まずは自分の頭の中にある情報を書き出すことです。自分の頭の中は自分でわかっているつもりになっているかもしれませんが、実は自分で認識していないこともたくさんあります。そのため、まず**自分の思考を可視化**して整理することが重要です。この方法として、ブレインダンプやKJ法があります。基本的な理念は共通しているので、どちらでも構わないですし、組み合わせて使っても良いと思います。ブレインダンプは、自分の考えや頭の中にあるものを紙にすべて書き出していく思考整理法です。KJ法は、ポストイットにアイデアや考えを一つずつ書き出して、後にグループ化や関連付けを行う方法です。ブレインダンプは書き方に自由度があり、自分なりの整理ができるという利点があります。KJ法は、やり方が決まっている分、作業に取り掛かりやすく、項目間の整理がしやすいという利点があります。両者ともポイントは、とにかく考えすぎずに書き出すことで、自分の頭の中をスッキリさせるということです。

　頭の中をスッキリさせた上で、その思考を広げていく作業が必要になります。そのためには、**マインドマップ**の作成が有効です。先ほどの説明のように、初めから良い問いが思い浮かぶはずがありません。そのため、今持っている疑問をベースに、そのテーマの全体像を考える必要があります。全体像を描くことで、自分の疑問に関連した良い問いの発見に近づくことができます。作成は、PowerPoint、EdrawMindなどのソフトウェアを使うと手軽に見

やすいものが作成できます。

　マインドマップの描き方は公式のやり方があるようですが（ブザン 2008）、厳密に従う必要はありません。発散的思考という点では、あるトピックについて、考えうる質問を5W1Hで考え広げていくのが一つのやり方です。いつ、どこで、誰が、誰に、どうやって、どのくらい（規模、期間、金額…）、何が、などトピックで関連する質問を考えてみましょう。ここでのポイントは、考えうるだけ、トピックに関連した思考を広げていくことです。まずは自分の力で書いてみてください。自分の限られた知識では限界が来たところで、**積極的に情報収集**をしましょう。次章で紹介する情報収集のツールなどを使って、マインドマップに足りない情報を収集し、書き足していきましょう。書き足すとさらに足りない部分が分かってきますので、再度、情報収集に戻りましょう。マインドマップは図3.1のように、理解がしやすい階層になるように作成することを心がけましょう、なお、この作業過程で、友達や生成系AIと相談して新たな発想や情報を得たりしても良いでしょう。ただ、重ねて注意しますが、主役は自分自身の思考であることを忘れないようにしてください。

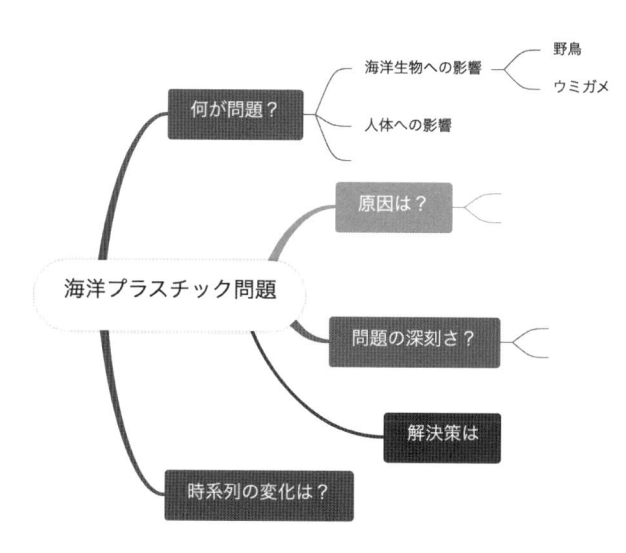

図3.1　作成途中のマインドマップの例

1 次の a)〜d) は、良い問いだと思いますか。良い問いでないものは、どのように良い問いにできるでしょうか。

- a) 生鮮食品の安全性は大切か
- b) 漫画「ワンピース」は面白いか
- c) 企業は SDGs に取り組むべきか
- d) 日本における食品の原材料表示は、健康推進のために改善の余地があるか

2 思い浮かぶ身近な疑問を、ブレインダンプもしくは KJ 法を使って、整理してみよう。

3 整理した内容をペアか 3 人グループで説明してみよう。また、その中で、レポートで扱う良い問いに発展しそうな部分はどこか、説明してみよう。

4 レポートに発展しそうな疑問を中心に、さらに 5W1H を使いながら、関連する疑問を考えてみよう（目標 10 個以上）。

5 無料のソフトウェア、EdrawMind (https://www.edrawsoft.com/jp/download-edrawmind.html) をダウンロードして、自分が構想するレポートのテーマに関してマインドマップを作成してみよう。その際には次章を参考に、情報収集をして考えを広げていこう。

6 作成したマインドマップについてクラスメートに話をして、思考を整理していこう。

❶研究とは何かを理解する。

- 研究とは良い問いを見つけ、調査、実験などから答えを探ること。そのため良い問いを見つけることが重要。
- レポート作成においても、授業内外での思考活動から良い問いを見つけることが重要。

❷研究（レポート・論文執筆）の流れを理解する。

- 研究（レポート・論文執筆）を行う際には、プロセスの細分化と明確化が重要。
- 初学者はその一つ一つのプロセスを意識して、手順を踏んでいくことが必要。

❸問いを考える上で重要なことを理解する。

- 良い問いのポイントを理解し、身近な疑問から思考を広げていくことが必要。
- 思考整理や発散的思考のツールとしてブレインダンプやKJ法、マインドマップが活用できる。

参考文献

佐藤望・湯川武・横山千晶・近藤明彦（2020）『アカデミック・スキルズ　第3版』慶應義塾大学出版会
　▶本書の類書ですが、より大学での学びに重点を置いた記述があります。大学での学びの意味や方法について、もう少し詳しく考えたい場合は、お勧めの一冊です。
ブザン，トニー（2008）『マインドマップ超入門』ディスカヴァー・トゥエンティワン
　▶マインドマップ発明者によるマインドマップの入門書です。マインドマップの書き方や、様々な用途への活用方法などが平易に記述されています。
宮野公樹（2021）『問いの立て方』筑摩書房（ちくま新書）
　▶「問いの立て方」というタイトルですが、実践的な内容ではなく、問いの本質について筆者の考えが展開されています。非常に考えさせられる内容なので、時間がある時に読むことをお勧めします。

4

情報を検索する

> **Point**
>
> 1 既存の情報を得ることの大切さを理解する。
>
> 2 参考文献の信頼性について理解する。
>
> 3 一次文献と二次文献について理解する。
>
> 4 情報の種類と情報検索のツールを学ぶ。

4.1 情報を把握する

　問いを考える際に、主体的な問いを持つことが重要であると同時に、既存の情報をしっかりと収集し理解することも重要です。日本の大学所属の研究者数だけでも29.7万人存在するわけですから（2020年現在、科学技術・学術政策研究所2021『科学技術指標2021』）、皆さんが考えつく問いは、大抵誰かが考えているわけです。特に初学者の場合は、自分の問いに対して、既に答えが出ている、ということも多くあるでしょう。既存の情報を無視してレポートを書いてしまっては、興味深いことは書けませんし、ましてや人と同じ研究をしても決して新しい発見はできません。「**巨人の肩の上に立つ**」という言葉があります。学問でも大事にされる言葉ですし、論文検索サイトGoogle Scholarでも検索ボックスの下に書かれています。これは、先人が積み重ねた思考や発見に敬意を示して、研究（レポート・論文）に取り組む姿勢が大事だという意味です。

そのように自分のレポート・論文に利用する過去の文献を**参考文献（引用文献、先行研究）**といいます。例えば、海洋プラスチックごみの削減をテーマとしたい場合、海洋プラスチックごみが環境に与える影響やこれまで海洋環境問題にはどのようなアプローチがされてきたのか、などについて把握する必要があります。関連する文献を可能な限り読んで理解し、自分のレポート・論文に適切に引用することが非常に重要な作業なのです。もし自分のテーマで文献が全く見つからない場合は、そのテーマは論じることが難しい内容で、レポートでテーマ設定をするには不適切である可能性が高いと考えられます。

他人の情報にしっかりと敬意を払って情報を得ることが重要である一方で、その情報に縛られてもいけません。過度に既存の結果や情報を信じ込むのも問題があります。無数にある問いに対して、すべて答えが出ていることはあり得ないわけであり、皆さんが設定した問いに対してもそのような可能性があるわけです。研究は独自に収集したデータに基づく考察がありますが、収集するデータが変われば、考察も変わる可能性があります。また、先行研究の記述に根拠が欠けた主張や情報の信頼性の問題がないか、ということについてもしっかりと検討する必要があります。

なお、参考文献で得た情報をレポート・論文の中に利用する際に、適切な引用をせず、あたかも自分の文章であるかのように書いてはいけません。適切な手続きを踏まずに、他者の文章をコピーし利用する行為を「剽窃」や「盗用」と言い、アカデミアでは非常に厳しく罰せられます。近年、この問題により研究者の懲戒処分や、学生の学位取り消しなども多く起こっています。参考にしたい文献の内容を自分の文章の中に組み入れたい場合は、引用形式に従い正しく引用しなければなりません。詳しくは次章で学んでいきます。

4.2　参考文献の信頼性

レポート・論文に参考文献として引用するためは、その情報が学術的に信頼できるものかどうかという信頼性が求められます。それを判断するための条件として、次の五つが挙げられます。

①**執筆者（著者）がわかる**

※ただし、団体・機関が発行している資料や文献には、特定の著者がわからない場合があります。その場合は、団体・機関名が著者名になります。

②**発行年がわかる**

③**発行元がわかる**

④**情報や主張が根拠を元に述べられている**

⑤**参考文献が示されている**

上記の五つの条件が揃っていないもの、例えば、自分の体験をエッセイのように綴ったものやブログなどは、情報の信頼性が低いので参考文献として適切ではありません。4.4節に文献検索の際にお勧めするウェブサイトのリストを挙げましたが、これらの情報を検索する際にも、上述した五つの情報が揃っているか確認してください。

なお、本の種類には新書、文芸書、専門書など様々な種類があります。専門書はその分野の専門家によって書かれているので、信頼性が高い文章です。一方で専門書でない場合は、著者が書かれている内容の専門家でないことも多々あります。そのため、専門書以外は著者の所属や略歴を確認する、根拠のある主張なのか判断する、出版元の信頼性も確認するなど、注意して利用することが必要になります。論文を書く場合は、専門書も批判的に読む必要があります。

また、著者の立場や思想などを考える必要がある場合もあります。例えば、原子力発電所の推進は賛否両論ありますが、推進派が書く本であれば専門家であっても推進に有利に働く論調になる可能性が高まります。意見が大きく分かれるようなテーマを選ぶ場合、必ず両方の意見を得るように意識する必要があります。

4.3　一次文献と二次文献

情報の信頼性を考える上で重要な点として、**一次文献**と**二次文献**という区

別があります。一次文献は、これ以上情報元を辿ることができないオリジナルの文献です。二次文献とは、一次文献を引用・要約したり、解釈が加えられたりした文献を指します。例えば、インターネット上の百科事典であるWikipediaは、Wikipediaが独自に研究して書いたものではなく、個人が一次文献等をもとにまとめた二次文献となります。インターネット上の情報は三次・四次文献なるもの、情報の出自がわからないものが多く存在します。生成系AIによる情報も、もちろん情報の出自がわからないものです。

　情報を得る際には**必ず一次文献にあたる**ことが重要です。なぜなら、二次文献以降では、転記ミスや間違った要約や解釈をしている可能性があるからです。学術論文でもこのような可能性はあるので、その他の文献ではなおさらその可能性が高くなります。そのため、引用する場合は、必ず一次文献を引用しなければなりません。例えば、Wikipediaに記載してある情報を引用したい場合は、参考文献リストから一次文献まで辿って調べる必要があります。なお、引用元を確認せずに、引用された情報を再度引用する行為は「**孫引き**」と呼ばれます。これは著者が初出の情報確認を怠ったとみなされ、学術上のルール違反となります。ただ、場合によっては、一次文献がどうしても手に入らないこともあります。その場合は、二次文献が信頼に値するという前提のもとに、手に入らない旨と二次引用である旨を注で示す必要があります。

4.4　情報検索のツール

　情報の信頼性に注意した上で、自分のレポート・論文のテーマについて、これまでにどのようなことが議論されているか（社会における問題関心、最近の情報や動向）を調べてみましょう。初めはウェブ上の情報や生成系AIによる情報を調べても良いですが、最終的には信頼性の高い文献情報が必要になります。初学者は比較的簡潔にまとまっていて読みやすい新書から読み始めるのも良いでしょう。**新書マップ**（https://shinshomap.info/）は、「連想検索機能」から、興味のあるテーマに関連する新書を調べることができます。キーワードを入力すると、関連テーマを探し出し、星座表のような関連図が作

成されます。関連図には、関連するテーマについて書かれた新書のリスト・概要・目次が表示されますので、非常に便利です。なお、新書は極力、専門家によって書かれているものを選んでください。

　テーマについてある程度の情報がわかったら、次は、自分のレポート・論文に必要な具体的な資料を整理してみましょう。以下に、文献・情報検索にお勧めのサイトと特徴を挙げます。レポート作成では、大学図書館OPACでの蔵書検索やCiNii、Google scholarなどでの論文検索が一般的で便利です。なお、多くの大学では新1年生や4年生、大学院生向けの論文検索ガイダンスを実施しています。論文公開サイトには有料のものもありますが、大学で契約している場合もありますので、ガイダンスを受講して論文検索に関する情報を積極的に入手してください。

1　大学内の蔵書を探す	
大学図書館 OPAC	大学内の蔵書が検索できる
大学学術機関リポジトリ	大学の教育・研究成果を検索・閲覧できるデジタルアーカイブ
2　大学内外の蔵書を探す	
図書館横断検索サービス	大学図書館の所蔵と公共機関の所蔵が一度に検索できる
カーリル	全国公共図書館の所蔵がまとめて検索できる
国立国会図書館サーチ（NDL サーチ）	日本国内で発行された全ての著作物が検索できる 科学研究費助成事業（科研費）の成果報告書も検索できる
3　論文・雑誌記事を探す	
CiNii Research	国内学協会発行の学術雑誌・大学等発行の研究紀要、博士論文、図書等の情報が検索できる
J-STAGE	文部科学省所管の国立研究開発法人科学技術振興機構が運営する電子ジャーナルの無料公開システム
Google Scholar	キーワードからWeb上の学術論文、図書の情報が検索できる
4　公的な文書を探す	
白書(e-GOVポータルにリンク一覧がある)	政府の各省庁が、行政活動の現状や対策・展望などを国民に知らせるための報告書が閲覧できる
自治体の刊行物	各自治体のHPにアクセスすると報告書等が参照できる

5　統計情報を探す	
e-Stat	各府省が公表する統計データを全て検索・閲覧できる
RESAS Regional Economy (and) Society Analyzing System （地域経済分析システム）	産業構造や人口動態、人の流れ等のビッグデータをマップや グラフでわかりやすく表示している 日本各地の自治体、団体等の事例やイベント等、 独自の取り組みが紹介されている

4.5　文献リストの作成

　情報収集をする段階で、必要な文献のリストを作成することもお勧めです。実際に引用するかどうかにかかわらず、関連する文献のリストを作成しておくと、時間が経った時に情報に行き着く手間がかかりません。体系的に関連文献を収集する必要がある場合には、巻末付録の文献書式に従い、必要な情報を整理しておくことをお勧めします。なお、文献リストの作成の際には、検索による収集だけでなく、実際に手に入れた論文や書籍の中で引用されている文献リストを見て、さらに文献を収集するのも有効な方法です。

個人・ピア活動

1	レポートのテーマを決めるにあたり、新書マップ4D（https://shinsho map.info/）で図書を検索してみよう。また、その図書を所属の大学の図書館から探してみよう。
2	文献検索にお勧めなサイトの情報をもとに、自分のテーマに役に立ちそうな文献・情報を探してみよう。
3	見つけた文献をまとめて、文献リストを作ってみよう。

まとめ

❶既存の情報を得ることの大切さを理解する。

- 既存の情報に敬意を払い、しっかりと情報を調べた上で、自身の問いの探求や論の展開をすることが重要。
- 他者の文章を盗用する剽窃行為が起こらないように気をつけよう。

❷参考文献の信憑性について理解する。

- 文献には様々な種類のものが存在するため、信憑性をしっかりと考えながら利用しよう。
- 著者の属性や、発行元、発行年、参考文献の有無など様々な情報から情報の信憑性を判断しよう。

❸一次文献と二次文献について理解する。

- これ以上元を辿ることができない一次文献を参考にし、孫引きをしないように気をつけよう。

❹情報の種類と情報検索のツールを学ぶ。

- 新書を検索する「新書マップ4D」、大学図書館の検索サイト「OPAC」、論文検索のサイト「CiNii Research」など便利な情報検索ツールがある。また、公文書や統計情報などが整理されたウェブサイトもあるので、実際に利用をしてみよう。

参考文献

石黒圭 (2012)『この1冊できちんと書ける！　論文・レポートの基本』日本実業出版社
　▶先行研究を引用する意味や、文献の専門レベルについて詳しく書かれています。自分がレポート・論文を書く際に、どのような文献をどのように活用すべきかを学ぶことができます。

読むべき論文と論文の種類

　卒論などで、「先行研究としてどのような論文を読むべきか」と聞かれたら、「自分のテーマに関連する論文全て」というのが答えになります。学術雑誌は非常に多様なものが刊行されており、読むべき雑誌の優先度に違いはあるかもしれません。一方で、いくらマイナーな雑誌に掲載されていようと、関連テーマで何らかの知見が発表されているのであれば、無視してはいけません。場合によっては、そのような雑誌に自分の研究と関連が高い論文が載っていることもあります。

　ただし、論文の中にも大きく分けて二つの種類が存在することは覚えておいた方が良いでしょう。論文には、査読（専門家グループの審査）を経て刊行される論文と、そうでない（もしくは簡素な査読を経た）論文が存在します。前者は学会などが発行する学会誌の論文、後者は雑誌の名前に大学の名前が含まれることが多い紀要論文であることが多いです。審査のあるなしだけでは論文の良し悪しは判断できませんが、当然他の専門家の目が入った論文（査読つき論文）に良い論文が多いと言えます。査読なし論文には他人の目が入っていないため、わかりにくい記述、間違った情報や根拠に欠ける主張が見られる場合もあります。いずれにしても、論文は批判的に読むことを心がけ、理解できない、納得できない場合は、指導教員などに質問してみると良いでしょう。

5

引用の作法をふまえる

Point

1 レポート・論文における引用の大切さを理解する。

2 剽窃を疑われない書き方の基本を理解する。

3 本文中での引用の仕方を理解する。

4 参考文献リストの作り方を理解する。

5.1 レポート・論文における引用の必要性

　大学で書くレポートや論文では、基本的に、「引用」をすることが求められます。これは、高校までで書く作文や小論文とは大きく異なる点でしょう。**「引用」とは、他者の言葉やデータなどを引いてきて、自分の論述に活用すること**を指します。本章では、自分自身の言葉とはきちんと区別した上で、引用を行うための基本を学んでいきます。

　まず、そもそもなぜ引用をしなければならないのでしょうか。それは、レポートや論文で何が求められているのかを考えれば、自ずと理解できます。第4章で述べたように、レポート・論文では、関連するテーマや問いについて他者がこれまでに明らかにしてきた事柄を踏まえることが重要です。他者の成果を踏まえることで、自分の論述に説得力が生まれます。さらには、そのテーマや問いについて考察し、成果を発表した他者の努力に対し、敬意を表することにもなります。他者の成果の上に立ち、そこに自分なりの考察や

発見を付け加えるのが、学問という営みです。だからこそ、適切な方法で引用をすることにより、他者の成果を自分の論述に取り入れていく必要があるのです。

5.2 剽窃を疑われないために

「引用」と密接に関連した言葉に「剽窃」があります。**剽窃とは、他者の文章やデータなどの成果を、断りなしに、あたかも自分のものであるかのように用いること**を指します。いわば、学問の世界における窃盗行為です。自分なりの問いを見つけ出し、その問いに答えるために調査や考察を積み重ね、その成果を論文などの形で発表するまでには、大変な努力を要します。論文以外の刊行物やウェブサイトの記事などについても同様です。剽窃は、他者が費やしたその努力に対して正当な敬意を払わず、その成果を自分のものであるかのように偽る行為です。学問を志す者として最も恥ずべき行為の一つといえます。たとえ自分が過去に書いた著作物であっても、引用の手順を踏まずに使用した場合は剽窃となります。

そのため、大学で提出されたレポートや論文に剽窃があった際には、相応の処分がなされます。当該科目が不合格になるだけでなく、その学期中の全単位の取り消しや一定期間の停学など、非常に重い処分がなされる場合もあります。「たかが一授業のレポートだから」と軽い気持ちでウェブサイトからコピペをしたり、例え悪気がなくても、剽窃を疑われる書き方をしてしまったりすると、このような深刻な事態になりかねません。

では、どのような書き方をすれば剽窃を防げるのでしょうか。ここでは三つの基本的な留意点を紹介します。

①本文中で自分の言葉と他者の言葉を明確に区別する

本文中で自分の言葉と他者の言葉を明確に区別することは、剽窃を防ぐ上で最も基本的な留意点です。他者の言葉や考えを引用する際には、その言葉や考えが自分自身のものではなく、他者のものであることを明確にしておくのです。例えば、他者の文章から言葉をそのまま引いてくる場合には、その

言葉の部分を「」で囲んだ上で、誰の言葉であるのかを明示します。また、他者の文章の内容を要約して引いてくる場合にも、「○○によれば、…である。」や「○○は、…であると指摘している。」のように、自分自身の考えや指摘ではなく、あくまで他者の考えや指摘を紹介（引用）している旨が分かるような書き方をしましょう。詳しくは、5.3節を参照してください。

②本文の後に参考文献リストを付ける

　本文の中で自分の言葉と他者の言葉を区別して書いただけでは、まだ不十分です。さらに、その他者の言葉がもともとどこに書かれていたのか（出所）を示す必要があります。出所の情報がないと、その他者が本当にそのような言葉を述べているのかを、読者が確かめられないからです。

　引用した言葉の出所を示すために、本文の後に参考文献リストを付けましょう。参考文献リストとは、本文中で引用した文献（参考文献）の一つ一つを特定するために必要な情報を、まとめてリストにしたものです。引用元となる参考文献を特定するには、多くの情報が必要です。

　なお、引用元の特定に必要な情報は、その引用元の文献の種類（書籍、論文、ウェブサイトなど）によって異なります。例えば、書籍の場合は、著者名・刊行年・書籍名・出版社名を記し、論文の場合は、著者名・刊行年・論文名・掲載雑誌名・巻号・掲載ページ番号の情報を記す、といった具合です。詳しくは、巻末付録「文献の種類ごとの書誌情報の示し方」を参照してください。

③自分の論述にとって必要な範囲に限って引用する

　レポート・論文で主となるのは、他者の言葉ではなく、自分の考えです。他者の文章は、自分の考えを支えるために、補助的に使うものにすぎません。仮に、同じ文献からの引用を繰り返し、全体として引用元の論述をただ引き写しただけのレポートや論文を提出したとしましょう。その場合、たとえ本文中で自分の言葉と引用元の言葉を区別し、引用元の情報を参考文献リストに記していたとしても、適切な引用とはみなされず、アイデアの盗用となります。そのため、自分と同じようなテーマの文献を見つけたからといって、

そこからむやみやたらに引用をすることは避けましょう。あくまで自分の考えを展開する上で必要な範囲に限り、引用をすることが認められます。

　以上の三つの基本的な留意点を押さえておけば、剽窃を疑われても深刻な事態に陥る心配はまずないでしょう。一つめの留意点（本文中で自分の言葉と他者の言葉を区別する）については5.3節で、二つめの留意点（本文の後に参考文献リストを付ける）については5.4節で、もう少し詳しくみていきます。三つめの留意点（自分の論述にとって必要な範囲に限って引用する）については、第11章にて詳しく説明します。

5.3　本文中での引用の方式

5.3.1　引用の方式

　引用によって、他者の言葉やデータを自分の文章に取り入れる方式には、大きく分けて二つあります。一つは間接引用（要約引用）、もう一つは直接引用です。「**間接引用**」（または「**要約引用**」）**とは、引用元にある内容を自分の言葉でまとめなおして（要約して）自分の文章に取り込むこと**を指します。それに対し、「**直接引用**」**とは、引用元にある言葉を、一字一句そのまま書き写すこと**を指します。これらの二種類の引用をする際に、自分の言葉と引用元の言葉をどのように区別して書けばよいのかをみていきましょう。

①間接引用（要約引用）

　間接引用は、自分の言葉を使って引用元の内容をまとめるため、直接引用とは異なり、「　」で引用元の言葉を囲むことは基本的にしません。しかし、直接引用の場合と同様に、引用元の著者名やページ番号を表示したり、文頭や文末の書き方を工夫したりすることによって、その文章が、自分自身の考えではなく、あくまで引用元に書かれている内容を報告しているということが明確に分かるように書きます。間接引用では「　」やブロックの形で引用元の言葉と自分の言葉とが明確に区別されないため、剽窃とならないようにとりわけ注意が必要です。

例として、以下の文章を要約して自分の文章の中に取り入れる場合を考えてみましょう。

【引用元の文章】

　まず大きく分けて、記憶は「宣言的記憶（陳述記憶）」と「非宣言的記憶（非陳述記憶）」に分けられる。「宣言的記憶」とは言葉で説明できる記憶であり、その成立には側頭葉の内側にある海馬という部分に重要な役割があると考えられている。

　宣言的記憶はさらに、「エピソード記憶」と「意味記憶」に分かれる。（…中略…）「宣言的記憶」に対して「非宣言的記憶」には、「手続き記憶」や「情動記憶」がある。

　　　　　　（櫻井武（2017）『睡眠の科学—なぜ眠るのか　なぜ目覚めるのか—』改訂新版（pp. 42–43）講談社）

【間接引用の例】

　櫻井（2017）によれば、記憶は、大きく宣言的記憶と非宣言的記憶に分けられ、宣言的記憶はさらにエピソード記憶と意味記憶に、非宣言的記憶は手続き記憶や情動記憶などに分けられる（pp. 42–43）。しかし、このような記憶の分類はあくまで便宜的なものであり、実際には複数の種類の記憶が分かち難く結びついているといえる。例えば、…

　上の間接引用の例では、引用元の内容の要約に加えて、その内容がどこに由来するのかを、著者名や文献のページ番号などによって明確に示しています。このように、間接引用（要約引用）をする場合にも、情報の出所を確実に表示する必要があります。

　なお、上の例では引用末尾にページ番号を記していますが、間接引用では、ページ番号まで記載する必要がない場合もあります。引用した文献全体の主旨を一言でまとめて紹介する場合など、特定のページ番号を示すのが難しい場合もあるからです。ただ、読者が引用元に書かれている情報を辿れるようにするという原則からすれば、間接引用の場合でも、できるかぎりページ番号まで記載しておく方が望ましいでしょう。

②直接引用

　直接引用の場合は、引用元の著者名を明示した上で、引用する言葉を「」で囲みます。それにより、「」で囲まれた言葉がその著者からの引用である旨を示します。その際、気をつけてほしい点が三つあります。一つめは、「」で囲む言葉は、一字一句、**引用元にある言葉から変えてはいけない**という点です。漢字やかなの使い分けも、引用元にある通りにしましょう。また、もし引用元に誤字脱字などがあった場合にも、そのまま書き写します。ただし、その場合には、その誤字脱字の部分に「ママ」とルビを振ることによって、その誤字脱字が引用元にあったそのままである旨を読者に伝えましょう。二つめは、直接引用の使用は元の表現が重要な場合に限るということです。単なる事実など、間接引用で情報が失われる恐れのない場合は、間接引用を使いましょう。直接引用における三つめの注意点は、「」で囲んで引用した言葉と、その前後に続く自分の言葉とが、文として自然につながるようにするという点です。例として、以下の文章から直接引用をする場合をみてみましょう。

【引用元の文章】

　学習環境において、自由を制約するのは、外部から強制してくる他者とは限らない。他からの強制がなくても自らの可動域を狭めるよう振る舞ってしまう、そのような環境条件にこそ注意を向けたい。

　　　　　(井上義和 (2022)「参加型パラダイムは学生の自由を促進するか？―放任が自由を奪う時代に自由を設計するために―」崎山直樹・二宮祐・渡邉浩一編『現場の大学論―大学改革を超えて未来を拓くために―』(p. 133) ナカニシヤ出版)

【直接引用の例①】

　井上 (2022: 133) は、「学習環境において、自由を制約するのは、外部から強制してくる他者とは限らない」と主張している。つまり、外部からの強制以外にも、学習者間で暗黙の規律が存在するなど、学習者を制約しているものがあるということである。たしかに、学生は他者から強制されていないにもかかわらず、自分の行動に対して自ら制約をかけてしまっている場合がある。例えば、…

上の例①においては、直接引用に続けて、自らの考察を付け加えています（網掛け部分）。引用はあくまで自分の論を展開するための補助として用いるものです。そのため、ただ引用するだけで終わるのではなく、それを踏まえて自分自身の論を展開していく必要があるのです。

③直接引用：ブロック引用

　上記の例は、短い文章を直接引用する場合の書き方ですが、それに対し、比較的長い文章をまとめて直接引用する場合には、「ブロック引用」という別の形を用います。目安としては、引用した際に四行以上の長さになる文章の場合に、ブロック引用を行います。以下、ブロック引用の仕方を具体例でみてみましょう。

【直接引用の例②（ブロック引用）】

　文部科学省はアクティブ・ラーニングをどのようなものとして捉えているのだろうか。同省の中央教育審議会（2012）は、アクティブ・ラーニングについて次のように説明している。

> 教員による一方向的な講義形式の教育とは異なり、学修者の能動的な学修への参加を取り入れた教授・学習法の総称。学修者が能動的に学修することによって、認知的、倫理的、社会的能力、教養、知識、経験を含めた汎用的能力の育成を図る。発見学習、問題解決学習、体験学習、調査学習等が含まれるが、教室内でのグループ・ディスカッション、ディベート、グループ・ワーク等も有効なアクティブ・ラーニングの方法である。(p. 37)

　この説明は、アクティブ・ラーニングの定義、目的、方法という三つの部分から成っている。まず、定義の部分（引用部分第1文）においては、…

（中央教育審議会（2012）「新たな未来を築くための大学教育の質的転換に向けて—生涯学び続け、主体的に考える力を育成する大学へ—（答申）」文部科学省 https://www.mext.go.jp/b_menu/shingi/chukyo/chukyo0/toushin/1325047.htm）

ブロック引用は、以下の三つのステップで行います。第一に、引用をする前に、その引用の導入となる**予告の文**を記します。上の例②では、「同省の中央教育審議会（2012）は、アクティブ・ラーニングについて次のように説明している。」の部分が、引用の予告にあたります。第二に、引用元の文章を**ブロックの形**にして引用します。ブロックの形を作るには、引用部分の上下に1行ずつ空行を入れた上で、引用部分全体を数文字分右に字下げ（インデント）します。このようにブロックを作ることで、自分の文章と引用元の文章との区別が視覚的に分かるようにするのです。そのため、ブロック引用の場合は、引用部分を「　」で囲むことはしません。ただ、直接引用であることに変わりはないので、元の文章を一字一句変えることなく、正確に引用する必要があります。第三に、ブロック引用部分の要点を整理した上で、そこに自分なりの解釈や考察を加えていきます。

　このように、引用部分について詳しく解釈や考察を加えていく場合に、ブロック引用は適しています。逆にいえば、自分なりの詳しい解釈や考察を加える必要がない箇所を、長々とブロック引用することは不適切です。あくまで、自分の論を展開するための補助として、必要不可欠な部分のみを引用することが重要です。不必要に長い引用を避けるためには、間接引用（要約引用）を積極的に活用しましょう。

5.3.2　参考文献リストとの紐づけ

　引用をする際には、本文の後に、引用した文献の書誌情報を載せた参考文献リストを付ける必要があります。しかし、文献の書誌情報をただ集めてリストにしただけでは、本文中で引用されている文献とリストにある文献とのとの対応が、分かりにくくなってしまいます。引用している文献の数が多い場合はなおさらです。そこで、本文中で引用を行っている箇所と、その箇所で引用されている文献の情報とを、明確に紐づけておく必要があります。

　本文中の引用箇所と参考文献リストの書誌情報を紐づける方式には、大きく分けて二つあります。「著者年方式」と「通し番号方式」です。

①著者年方式

　「著者年方式」とは、**本文の中で、引用した文献の著者名と刊行年の情報を
セットで表示する方式**を指します。この場合、本文の後の参考文献リストで
は、本文中に記した著者名と刊行年に紐づける形で、その文献の詳しい書誌
情報を記します。前に直接引用と間接引用のよい例として示した書き方は、
いずれも著者年方式に則った書き方の例になっています。参考のため、間接
引用（要約引用）の例を、参考文献リストも含めた形で下に再掲します。著者
名と刊行年を文末に表記するパターンもあるので、そちらも下に例を示して
おきます。

【著者年方式による間接引用の例】
　櫻井（2017）によれば、記憶は、大きく宣言的記憶と非宣言的記憶に分け
られ、宣言的記憶はさらにエピソード記憶と意味記憶に、非宣言的記憶は手
続き記憶や情動記憶などに分けられる（pp. 42–43）。

　記憶は、大きく宣言的記憶と非宣言的記憶に分けられ、宣言的記憶はさら
にエピソード記憶と意味記憶に、非宣言的記憶は手続き記憶や情動記憶など
に分けられる（櫻井 2017）。

参考文献

櫻井武（2017）『睡眠の科学—なぜ眠るのか　なぜ目覚めるのか—』改訂新版、
　　　講談社

　このように、著者年方式においては、本文中で「櫻井（2017）」のような形
で引用元の文献を簡潔に表します。その上で、参考文献リストでは、最初
に「櫻井武（2017）」を記し、続けてその文献のその他の情報を記します。こ
のようにして、本文中の引用箇所と参考文献リストの書誌情報とを、「櫻井
（2017）」（著者名と刊行年）によって紐づけています。なお、この場合、文献
リストの書誌情報は、著者名の五十音順で並べるか、または著者名をローマ
字表記した際のアルファベット順で並べます。本文中で引用した順序で並べ

るのではない点に、注意しましょう。

　また、著者が複数人いる場合の本文中の表記ですが、2人の場合は「今村・原田 (2024)」のように「・」でつないで示すことが一般的です。3人以上の場合は、「今村ら (2024)」や「今村他 (2024)」、英語の場合は「Imamura et al. (2024)」のように表記します。

②通し番号方式

　「通し番号方式」とは、**本文中で引用をおこなった箇所のそれぞれに、順番に番号をつけていく方式**を指します。参考文献リストでは、番号を付けた順に文献の書誌情報を並べていきます。このようにして、本文中の引用箇所と参考文献リストの書誌情報とを、番号によって紐づけるのです。下の例は、著者年方式で書いた上の例と同じ部分を、通し番号方式で書いたものです。

【通し番号方式の例】

　記憶は、大きく宣言的記憶と非宣言的記憶に分けられ、宣言的記憶はさらにエピソード記憶と意味記憶に、非宣言的記憶は手続き記憶や情動記憶などに分けられる[1]。

参考文献

1)　櫻井武：睡眠の科学 なぜ眠るのか なぜ目覚めるのか，講談社，改訂新版，2017.

　この例では、要約引用をしている箇所の末尾に番号をつけ、参考文献リストで、その番号の箇所で引用している文献の書誌情報を記しています。「1)」という番号で、本文中の引用箇所と参考文献リストの書誌情報とが紐づけられていることが分かります。通し番号方式で間接引用をする場合には、本文中に著者名を記さなくても構いません（記しても構いません）。番号さえ付けておけば、読者は参考文献リストでその番号に紐づいた書誌情報を確認し、引用元の著者が誰であるかが分かるからです。同じ文献から何度も引用する場合は、同じ番号を振るパターンと、同じ番号ではなく順番に番号を付けて

いくパターンがあります。同じ番号を振る場合は、参考文献リストの文献情報は1度しか載せませんが、順番に番号を振る場合は、「5) 前掲論文1)」のように示すことで、5) の参考文献は1) と同じ論文であることを表します。

なお、専攻分野によって、著者年方式と通し番号方式のどちらを用いるかが異なります。一般的には文系が著者年方式、理系が通し番号方式ですが、そうでない場合もあります。二つの方式に優劣はありませんが、一つのレポート・論文の中では、一つの方式で一貫させる必要があります。授業やゼミの先生に、指定の書式がないかを確認するとよいでしょう。また、学術誌に論文を投稿する場合は、その学術誌の投稿・執筆規定を確認し、そこで指定されている書式に従いましょう。

5.4　参考文献リストの作り方

ここまでみてきたように、引用をする際には、本文中での引用箇所を明示するだけでなく、本文の後に、リストの形で引用した文献の書誌情報を記載する必要があります。本文中で引用されている文献に、読者が確実に辿りつけるようにするためです。本節では、そのための参考文献リストの作り方をみていきましょう。

参考文献リストの作り方は、著者年方式と通し番号方式とでは異なっており、また、それぞれの方式の中でも、さらに様々な書式（スタイル）が存在しています。したがって、唯一の「正解」はありません。

しかし、どの書式にも共通する基本的なポイントが二つあります。一つめは、リスト全体の書式を整えることです。これは、本文中の引用箇所との紐づけや、文献と文献の区切り目などを分かりやすく表示するためです。二つめのポイントは、引用した文献の種類に応じて、必要な書誌情報を過不足なく記すことです。これは、引用した文献の一つ一つに読者が確実に辿りつけるようにするためです。以下、それぞれのポイントについて詳しくみていきましょう。

まず、リストの中で複数の文献を並べる際の順序に留意します。著者年方式で引用をおこなった場合には、著者名の五十音順またはアルファベット順

で文献を並べます。通し番号方式で引用をおこなった場合には、本文中で振ったその番号の順（引用をした順）で並べます。いずれも、本文中での引用箇所と参考文献リストの書誌情報との紐づけを明確にするための工夫です。

　さらに、リスト化した文献の一つ一つの区切り目が明確に分かるように、行頭のインデントに留意します。著者年方式の場合、まず各文献の情報を、著者名から左揃えで書きはじめます。著者名の前に数字や記号などは基本的に入れません。一つの文献の情報が二行以上に渡った場合は、二行目以降を2、3文字分ほど右に字下げします。そのすぐ下の行に、次の文献の情報をまた左揃えで記していきます。二行目以降のインデントで著者名を目立たせることによって、文献と文献の区切りをはっきりさせるのです。

　最後に参考文献リストの例を以下に示します。自分が使う方式の書き方にしっかり留意して、リストを作るようにしてください。

【参考文献リストの書式例① （著者年方式）】

参考文献

小島慧一（2021）「光受容タンパク質・ロドプシンの生物物理化学研究」『薬学雑誌』141(10)，1155–1160

櫻井武（2017）『睡眠の科学―なぜ眠るのか　なぜ目覚めるのか―』改訂新版、講談社

田村典久（2023）「未就学児における日中と夜間の光曝露とメラトニン分泌量および睡眠の質との関連についての予備的検討」『睡眠と環境』17(1)，1–8

【参考文献リストの書式例② （通し番号方式）】

参考文献

1)　田村典久：未就学児における日中と夜間の光曝露とメラトニン分泌量および睡眠の質との関連についての予備的検討，睡眠と環境 17(1)，1–8，2023.

2)　小島慧一：光受容タンパク質・ロドプシンの生物物理化学研究，薬学雑誌141(10)，1155–1160，2021.

3) 櫻井武：睡眠の科学 なぜ眠るのか なぜ目覚めるのか，講談社，改訂新版，2017.

個人・ピア活動

1 自分が興味をもっているテーマについての書籍や論文を一つ選び、自分のテーマに特に関係が深そうな部分を取り上げ、その内容を直接引用の形で記してみよう。

2 1で直接引用した部分から、キーワードやキーセンテンスを抜き出して間接引用（要約引用）してみよう。直接引用の場合と比較して、伝わる情報やニュアンスに違いはあるだろうか。クラスメートと話し合ってみよう。

3 自分が興味をもっているテーマについて、書籍1冊、論文1本、インターネット上の記事を1本選び、著者年方式または通し番号方式で参考文献リストの形にまとめてみよう。

4 自分が興味をもっている分野の学術誌を一つ見つけ、その学術誌のウェブサイトで投稿・執筆規定を調べてみよう。引用の方式として、著者年方式と通し番号方式のどちらが採用されているか、また、本章で紹介した書き方と違いはないか、確認してみよう。

❶レポート・論文における引用の大切さを理解する。

- 大学のレポート・論文では、あるテーマについて、他者の成果の上に立ち、そこに自分なりの考察や発見を付け加えることが求められる。
- 引用は、他者の成果に敬意を払うため、また、自分の論に説得力を持たせるために必要。

❷剽窃を疑われない書き方の基本を理解する。

- 剽窃は、学問を志す者として最も恥ずべき行為の一つ。剽窃に対しては、大学から極めて重い処分が下される可能性がある。
- 剽窃を疑われない書き方の基本は、以下の三つ。
  a) 本文中で自分の言葉と他者の言葉を明確に区別する。
  b) 本文の後に参考文献リストを付ける。
  c) 自分の論述にとって必要な範囲に限って引用する。

❸本文中での引用の仕方を理解する。

- 本文中での引用の仕方には、直接引用と間接引用（要約引用）の二種類がある。直接引用は、元の文章を一字一句正確に書き写す。間接引用は、引用元の内容を自分の言葉で要約する。
- 本文中での引用は、本文末の参考文献リストと紐づけて行う。紐づける方法には、主に著者年方式と通し番号方式がある。

❹参考文献リストの作り方を理解する。

- 参考文献リストに載せる書誌情報は、文献の種類ごとに異なる。
- 著者年方式と通し番号方式のどちらか一方の方式を使い、統一した書式でリストを作成することが重要。

参考文献

佐渡島紗織・オリベイラ，ディエゴ・嶼田大海・デルグレゴ，ニコラス（2020）『レポート・論文をさらによくする「引用」ガイド』大修館書店
　▶動画や写真なども含むあらゆる種類の文献の引用の仕方が、具体例とともに詳しく説明されています。正しい引用方法を詳しく学ぶのに最適な一冊です。

Column 3 ｜ 先行研究との距離の置き方

　昔、学会で著名な先生に良い論文を書く秘訣を聞いたことがあります。その際に真面目に「あまり他の人の論文を読まないこと」と答えてもらったことがあります。「巨人の肩の上に立つ」と真逆の答えであり、それを言った先生も文字通りの意味ではなく、含みのある表現であることが、修士論文で苦労した私にはよくわかりました。その先生が意味したことは、「他人の論文を読むことに集中するのではなく、自分の問いを考えることに集中するべき」、ということだったと思います。

　当時は先行研究を色々と読む中で、自分の修士論文のオリジナリティを出すことですごく悩みました。すでに似た研究があるじゃないか、結果が出ているのではないか、そう思えたのです。そう考えて中々研究が進められない状況に陥ったのは「他人の論文を読みすぎ」だったのかもしれません。あくまでも他人の研究では、問いに対して「限定された答え」しか提示していないことが理解できていなかったのです。そのため、論文を読む時には、必ず自分の問いを大きく持った上で、距離を置く必要があるのでしょう。恐らくこの先生も他の学生が似たような境遇にあったことを踏まえて、上の答えを伝えてくれたのかもしれません。

　先行研究と距離を置くためには、論文を読む際に目的意識を持って読むことも重要です。研究手法を学ぶために読むのか、自分の問いに対して部分的な答えを出していないか、などです。決して論文を読むこと自体が目的となってはいけないのです。

6

情報を整理し検討課題を絞る

Point

1 情報を整理する技術を身につける。

2 論じる内容を決定する。

3 テーマ設定について他者に相談する。

6.1 既存の情報を整理する

　レポート・論文では、**事実ベースの議論**をすることが大切です。ここでいう「事実」とは、過去の事例や、先行研究で解明・主張・議論されてきた事、自分で収集したデータなどです。そのためレポートでは、いかに既存の情報を整理するかが鍵になります。情報整理がしっかりできていれば、レポートを書く材料が集まっているということになります。逆にこの作業ができていないと、論の根拠となる部分が不足して、作文のような主観的なレポートになってしまいます。マインドマップ等（第3章参照）でテーマの全体像がある程度把握できたところで、重要な項目ごとに既存の情報を整理していきましょう。なお、論文の場合は、この部分が序論の「研究背景」や「先行研究」で記述する内容になりますので、同様に情報整理は重要です。これにより、自分の研究の明確な位置付けができるようになります。

	レポート	論文
序論	既存情報	既存情報
本論	既存情報 考察	独自観点の資料整理・分析、採取・実験・調査等のデータと考察
結論	上記のまとめ	上記のまとめ

全て
事実ベースの議論！

　情報整理には様々な方法があるので、自分に合ったものを選べば良いと思います。ただ、作業時のポイントは、**レポート・論文に利用可能な形で整理しておく**ということです。一例として、事項（設問）ごとに、文献の記述をそのまま抜き出し、文献リストの書式に則って文献情報も入れておくという方法があります（表6.1参照）。出典情報も含めて書くと、レポートや論文でその情報が容易に利用（引用）できるようになります。表6.1のように、他にも

表6.1　情報整理表の例

事項（設問）	記述（答え）：問いに対する答えの要点、さらに考えるべき点 出典情報：本の出典情報・雑誌・HPリンクなど
水中文化遺産保護条約とは	「古くは古代ギリシャ・ローマ時代の水中遺構や大航海時代の沈没船の保護を目的としていると考えられる。」(p.47) 種市雅彦（2023）「水中文化遺産となる戦没船―問われる旗国の責任―」『日本航海学会誌 navigation』225:47–56 （他にも定義がないか調べる）
アジアの批准国が少ない理由	「理由として、条約への理解不足、国連海洋法との関連の不明確さ、水中文化遺産の知名度の低さ、文化遺産としての価値の認識の低さ、政治的・国家的課題としての優先度の低さ、遺産管理のための財政や資源の不足などが挙げられ、多様な要因が考えられる。」 西川千尋（2023）「ユネスコ水中文化遺産条約について―水中文化遺産保護における国際協力と展望」（https://www.isan-no-sekai.jp/report/9079　2024年4月25日最終アクセス）
批准国となるメリットは？	（情報収集中）
・ ・ ・	・・・・・・・・・・・・・・・・・・・・・・・・ ・・・・・・・・・・・・・・・・・・・・・・・・ ・・・・・・・・・・・・・・・・・・・・・・・・

情報を調べるべきだと考える場合は、そのようなメモを残しておくと作業効率が上がります。

　マインドマップをもとに、まとめる事項（設問）を整理し、なるべく多くの情報を入れていってください。マインドマップで階層分けがうまくできていれば、それに沿って事項（設問）を立てることが容易になるはずです。事項によってはまだ明確に答えが出ていない事もあると思います。そのような場合も関連する記述を抜粋しておくと良いでしょう。例えば、「答えが出ていない」という記述があれば、それ自体も重要な情報として機能します。このように既存の情報を可視化する形で整理すると、トピックの全体像が分かるようになり、良い問いを設定する道筋が見えてきます。

6.2　検討課題を絞る

　ある程度情報を収集・整理できた段階で、**収束的思考**が必要になります。収束的思考とは発散的思考（第3章参照）の逆で、一つの目標や問題解決に向かって思考を集中していくことです。つまりここでは、一つの筋の通ったレポート・論文を構成するために、検討課題を絞っていくことです。そのためには、**①核となる問いを決める、②論じる観点を絞る、③論じる目的を意識する**、という3点を考えましょう。

　まずは集まった情報を元に、どの点がレポート・論文で論じることができる問いなのかを考えていきます。核となる問いを決め、第3章で述べた「良い問い」の特徴と照らし合わせてください。レポートでは、個人的な関心が高いか、明確な結論が出ていないか、具体性があるかを特に自問するようにしてください。論文ではさらに、学術的・社会的意義も考え、限られた時間で具体的な研究が可能なのかも考える必要があります。もし、この時点で、論じる対象となる良い問いが出せなければ、情報収集に戻りましょう。

　次に、**考察の観点や対象・地域など論点を絞り込む**必要があります（表6.2）。これができていないと、論が漠然とした薄っぺらな一般論になってしまいます。先ほどの「水中文化遺産保護条約の批准の是非」を例にとっても、論じるための切り口は様々なものが存在します。考察する対象の地域や国を

絞って論じる、もしくは意見が対立する部分に絞って論じると、具体的な議論に発展します。また、論じる対象が多様な要素を含む場合は、対象をさらに絞り込む必要があります。例えば「漁村の活性化のために何ができるか」について問いを持ったとします。しかし全国の数ある「漁村」で、それぞれの状況は全く異なります。また、「活性化」とは誰が主体になって行うものかによって、論じる内容が全く変わってきます。このように論の中心となる観点や対象（主体）・地域・事例などを決めることによって、具体的な論に発展する良いレポートになります。

表6.2　レポート・論文の論点の絞り込みの例

テーマ例	論点の絞り込み
水中文化遺産保護条約の批准の是非	対象となる国、地域 考察対象の条文、etc…
漁村の活性化のために何ができるか	対象となる集落 活性化の主体（国、地方自治体、漁協、etc…）

　また、レポート・論文を構成していく中で、「何のために論じるのか」という目的も忘れてはいけません。目的が曖昧だと、論の展開が定まらずブレてしまうからです。例えば、先ほどの「水中文化遺産保護条約」に関連したレポートを考える場合、条約自体の批准が目的なのではなく、水中文化遺産の保護が最終的な目的になるでしょう。このように、議論の目的がある程度明確な場合もあれば、複数の可能性の中から目的を考える必要があるものもあります。例えば、洋上風力発電の導入促進について論じる場合は、環境に配慮した再生可能エネルギーの比率向上を目的として考えているのか、エネルギー自給率の向上や電力の安定供給を目的として考えているか、によって論の展開が変わってくるでしょう。序論の部分で、そのような点を意識して目的を記述する必要があります。

6.3 テーマ設定について相談する

テーマ設定ができたら、それについてピアや教員と相談することが重要です。この時点では、自分が設定したテーマが適切かどうかがわからないためです。間違ったテーマ設定でその後の作業を続けていくと、時間を無駄にすることになってしまいます。相談することによって、自分のテーマが修正・改善されるだけでなく、自分の思考が明確になったり、新たな気づきが得られたりします。

ピアに相談する際には、自由に話しやすく、かつ忖度なしに率直な意見を言ってくれる人を見つけることが重要です。ChatGPTなど生成系AIに相談してみても、新たな観点を与えてくれるかもしれません。もちろん、教員にもしっかりとテーマについて相談することが重要です。授業のレポートを課す教員やゼミの指導教員は、当然皆さんが考えている題については知識を持っているはずなので、的確なアドバイスをしてくれるでしょう。

個人・ピア活動

1	マインドマップで作成した内容をもとに、例を参考にしながら、「情報整理表」を作成してみよう。
2	作成した「情報整理表」についてピアで話をして、さらに思考を整理していこう。
3	情報が整理されたら、テーマを決めよう。テーマは論じる対象だけでなく、論じる観点や考察対象、論じる目的も考えよう。
4	③のテーマ、観点・対象、目的についてピアやChatGPT、教員に相談をし、再検討してみよう。

```
[ まとめ ]
```

❶情報を整理する技術を身につける。

- 後に論文・レポートで使える形で情報を整理していくことが重要。情報整理表を作成してみよう。

❷論じる内容を決定する。

- 核となる問いを決め、観点や考察対象、論の目的をよく考えて、論じる内容を決定しよう。

❸テーマ設定について他者に相談する。

- レポート・論文のテーマを設定したら、一度他人に相談し、それが適切かどうかを再度判断しよう。

論文相談における注意点

　論文について相談する際、うまく進めるための注意点があります。それは相談する時点で、自分なりに思考を深めているということです。相談時点で明確な質問が思い浮かばなかったとしても、「何について」「どのように」「どこまで」考えているのかをはっきりと説明できなければなりません。そうでなければ、相談によって有意義なものは何も引き出せないという結果になってしまいます。逆に指導者側の意見を押し付けられてしまい、混乱してしまったり、関係がギクシャクしてしまったりすることもあります。そのような事態は、論文指導においてよく聞くことです。

　一方で、思考がある程度深まっていれば、相談時点で、何を聞きたいのか明確に定まっていなくても構いません。昔、筆者がアカデミック・ライティングの相談員をしていた時の話です。ある相談者が自分自身も相談内容が固まっていない状況だけど、とにかくモヤモヤするので相談したいと、論文の書きかけを持ってきました。話を聞いたところ、結局は研究のアプローチを根本的に変えるという結論になったのですが、モヤモヤが晴れてスッキリしたと言って帰っていきました。相談者自身が書いたことに対する違和感と、新しい方向性が対話により引き出されたのです。それは、やはり相談者自身が情報収集と思考を重ね、苦しんだ過程があり、それを説明できたから、達成されたことです。このようにテーマ設定に悩んでいる場合も、しっかりと情報を整理し、悩んでいることも含めて自分の考えを書いて整理した上で、相談をすると、今後の道筋が見えてくるかもしれません。

7

アウトラインを作成する

Point

1 レポート・論文の基本的な構造を理解する。

2 アウトラインの作成方法を理解する。

3 わかりやすい見出し（タイトル）をつける。

7.1 レポート・論文の構造

　さて、いざレポートを書こうと思ったとき、何から書き始めたら良いのか、どのような展開が読み手にとってわかりやすいのか、と悩んでしまった人も多いと思います。レポートや論文には、ある程度決まった構成があり、研究分野ごとにオーソドックスなアウトラインというものがあります。レポートの構造や構成を知り、アウトラインを作成すれば、レポートは格段に書きやすくなります。

　そこで、本章ではレポート・論文の基本的な構造を説明していきます。レポートは、表紙（必要ない場合もある）、タイトル・名前、本文、注、参考文献リストで構成され、さらに本文は「**序論**」、「**本論**」、「**結論**」で構成されています。それでは、序論、本論、結論にはそれぞれ何を書いていけば良いのかをみていきましょう。表7.1 には、レポートの序論、本論、結論の主な内容を示しています。論文の主な内容についても記していますので、卒業論文を

書く際には参考にしてください。

　まず、序論では、なぜそのテーマを選んだのか（**動機**）を説明し、**問題の背景**を述べます。動機は個人的な理由でもかまいませんが、問題（研究）の背景は客観的でなければなりません。例えば、海洋プラスチックゴミを誤飲する海鳥のニュースを見て、「海洋プラスチックごみの削減」をテーマとして取り上げようと思った場合、動機は「海洋プラスチックごみのせいで死んでしまう海鳥をニュースで見て心を痛めたから」となり、問題の背景としては、データに基づく海洋プラスチックごみの実態と、それが環境や海洋生物に及ぼす影響を説明することになります。レポートでは個人的な動機を説明しても構いませんが、学術論文の場合では、この研究が学術的・社会的にどのような意義を持つのかについて言及します。

　研究の背景を説明したら、第6章で考えた問い（**目的**）を提示し、このレポートで論じる内容を具体的に提示します。上記のテーマでいうと、「本稿では、海洋プラスチックごみが環境や海洋生物、生態系に及ぼす影響を踏まえて、海洋に流出するプラスチックごみを減らすために、プラスチック製品をどのように規制していくことが可能であるかを考察する」のように書くことができます。そして、考察するための資料や観点の説明、レポートの構成を示します。

　次に、本論では、序論で示した問い（目的）に対して一定の答えを得るための議論を展開し、結論に導いていきます。複数のセクション（章、節、項）を設けて、必要なデータや情報を提示し、考察します。この複数のセクションでは、それぞれ目的をもって考察していくことが必要になります。つまり、なぜこの節が必要なのか、それぞれの節で何を論じればレポートの目的を達成できるのかを意識して節を作成する必要があります。

　なお、セクションには、大きい単位から順に、部、章、節、項（小節）があります。通常、10ページ以下のレポートでは節立てとなります。卒業論文の分量（20〜100ページ）では章立てを行い、博士論文の分量（150ページ〜）では部に分けることもあります。そのため、長い論文では、「1.」「2.」は章、「1.1」「1.2」は節、「1.1.1」「1.1.2」は項と呼ばれ、20ページ程度の比較的短い論文では、「1.」「2.」は節、「1.1」「1.2」は項と呼ばれます。

上記の「海洋プラスチックごみの削減」というテーマのレポートでは、以下のような節を組み立てることができます（詳しい構成は次節でみていきます）。

> 2.　海洋プラスチックごみの実態
> 3.　プラスチックの特徴と生産動向
> 4.　プラスチック製品の規制の検討

　なお、本論では、自説に都合の良いデータや先行研究ばかりを挙げて論ずると独善的なレポートになってしまうので、自分の考えとは異なる見解（**反論**）も取り上げ、それに対する考察（**反駁**）も述べる必要があります。

　また、レポートや論文の議論には限界があるということも理解しておきましょう。ときどき、完璧なレポートでなければ提出できないと考える人がいますが、すべての内容を網羅するようなレポートは作成できません。議論の範囲を適切に設定し、その中で自分の主張を論じていくことが大切です。

　最後に結論では、本論の内容をまとめ、序論の問い（目的）に沿って結論を述べます。ことのき、問い（目的）と結論が必ず対応するように気をつけましょう。結論は本論のまとめを示すので、新しいデータを提示したり、新たな視点から議論をしたりしてはいけません。レポートで議論できる範囲は限定されているので、検証できなかった内容は、「残された課題」や「今後の課題」として、最後に記してください。情報収集をする中で新たに生まれた疑問や、考察の結果として生じた疑問も今後の課題として記しておきましょう。

7.2　アウトラインを考える

　テーマが決まり、問いを焦点化し、レポートの構造を理解できたら、次に、**アウトライン**を考えてみましょう。アウトラインとは、節立て、骨組みを指します。テーマが決まってレポートにとりかかる際は、いきなり文章から書き始めるのではなく、全体を見通すための節立てを考えるところから始めます。必要に応じて節の下に項を設け、読み手に伝わりやすいように階層的に

表7.1　序論、本論、結論の主な内容

	レポート	(卒業) 論文
序論	● 動機、問題の背景の説明 ● 問い (目的) の説明 ● 考察の観点・方法の説明 ● レポートの構成の説明	● 研究の背景 ● 先行研究レビュー ● 研究の目的 (リサーチクエッション) ● 研究の方法、分析視点の提示
本論	● 考察の対象・観点・方法に基づいた、既存のデータ・情報・事例などの提示と考察 ● 予想される反論に対する反駁	● 分析対象・資料、調査や実験の方法の説明 ● 研究データ (調査結果や資料など) の提示 ● 分析視点・枠組みに基づいたデータの分析・考察 ● 先行研究との比較
結論	● 本論の内容のまとめ・研究目的に沿った結論 ● 今後の課題の提示	● 本論の内容のまとめ・研究目的に沿った結論 ● 研究への評価 ● 残された課題や今後の課題の提示

説明していきます。節、項の表記は、2.1.1や2-1-1やII.1.1など様々ですが、指定されている場合は指示に従ってください。節、項に分ける際は、最低でも1パラグラフの分量が必要です。1文のみで節や項に分けているレポートをしばしば見かけることがありますが、これは適切な節、項の振り方ではありません。

　以下では、「海洋プラスチックごみ削減のためのプラスチック製品の規制の可能性」というテーマを設定した時のアウトラインの例をみていきましょう。

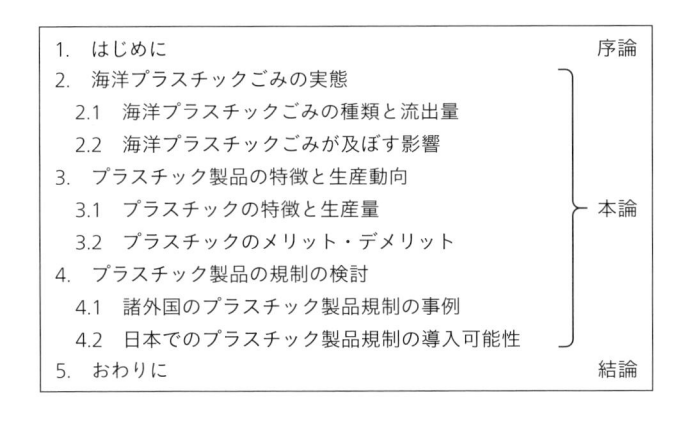

```
1.  はじめに                                    序論
2.  海洋プラスチックごみの実態
    2.1  海洋プラスチックごみの種類と流出量
    2.2  海洋プラスチックごみが及ぼす影響
3.  プラスチック製品の特徴と生産動向
    3.1  プラスチックの特徴と生産量              本論
    3.2  プラスチックのメリット・デメリット
4.  プラスチック製品の規制の検討
    4.1  諸外国のプラスチック製品規制の事例
    4.2  日本でのプラスチック製品規制の導入可能性
5.  おわりに                                    結論
```

「1．はじめに」は序論にあたります。前節で説明したように、序論では、このテーマを選んだ理由、問題の背景、レポートの目的、レポートの構成などを説明します。用語の定義や重要な概念がある場合は、この節で解説してください（話の流れによっては他の節でも構いません）。

　2.、3.、4. は本論に該当します。最初は、大まかな節立てを考え、話の展開がスムーズか、議論が飛躍していないか、結論に導くために矛盾がないかを頭の中で何度もイメージしてみましょう。レポートの執筆を重ねることでアウトラインは作成しやすくなりますが、経験を積んだ研究者であっても、この作業はあれこれ逡巡しますので、皆さんも各章が何のためにあるのかを意識してアウトラインを考えてみてください。最初はキーワードを書きだしたり、似ているテーマの論文の構成を参考にしたりしてもよいでしょう。試行錯誤を繰り返しながら、常に「目的を達成するためには何を論じなければならないのか」ということを意識していれば、適切なアウトラインとはどんなものかがわかってきます。最後の「5．おわりに」は結論となります。ここでは、これまでの節の内容のまとめと結論、今後の課題を述べます。

7.3　良い見出しの付け方

　タイトルと同じく、章、節、項の見出しは、一目でその章や節に何が書いてあるのかがわかる必要があります。**簡潔かつ具体的な見出し**が良い見出しと言えます。読者に読ませてしまうような文章的な見出しは避けてください。

　では、具体的にどのような見出しが適切かを考えてみましょう。例えば、「海洋プラスチックごみについて」という章の見出しは、海洋プラスチックごみの何について論じているのかがわかりません。海洋プラスチックごみがどこから来ているのかを説明したい場合は、「海洋プラスチックごみの流出経路」や「海洋プラスチックごみの発生源」といった見出しが考えられます。見出しには、できるだけ「○○について」という表現は使わず、名詞句（名詞で終わる形）にしましょう。

　井下（2021）によると、題名の付け方の五つのポイントとして、①題名、内容、要旨、キーワード、すべてに整合性をもたせる、②修飾関係などに注

意を払い、長い場合はメインタイトルとサブタイトルに分ける、③「の」が多いと修飾関係が曖昧になるため、「の」の使い方に注意を払う、④語と語のつながり、切れ目、中黒（・）の使い方に注意し、読み手意識を持つこと、⑤「における」「に関する」「に対する」「による」などレポートでよく使用される語彙を的確に使い分けるために、適切な語彙の選択感覚を持つこと、を挙げています。これらのポイントは、章、節、項の見出しでも同様に注意しなければならないポイントです。

個人・ピア活動

> **1** アウトラインを作成してみよう。
>
> a) 仮の節あるいはキーワードを書き出し、どんな順番であれば論理的に説明できるかを考えてみよう。
>
> b) 流れがきまったら、それぞれの節に具体的にどんなデータ・情報を書くべきかを考え、箇条書きにしてみよう。必要に応じて、項やその下の階層を設け、見出しを考えよう。
>
> c) 仮の見出しを推敲して、適切な見出しをつけ、レポートの展開をピアに説明してみよう。他者に説明することで、自分のレポートの流れ（ストーリー）を客観的に確認することができます。説明しにくいところやつまずくところがあれば、アウトラインを修正しよう。
>
> d) ピアにレポートの展開が正しく伝わっているかどうかを確認し、ピアが十分に理解していなかったり、勘違いしていることがあれば、アウトラインを再考してみよう。

❶レポート・論文の基本的な構造を理解する。

- 表紙、タイトル・名前、本文、注、参考文献リストで構成される。
- 本文は、序論、本論、結論で構成される。
- 序論では、レポートのテーマを選んだ動機、問題の背景、問い（目的）、考察の観点・方法、構成、用語の定義などを説明する。
- 本論では、序論で提示した目的を達成するために必要な節を設け、客観的なデータや根拠を示し、考察する。
- 結論では、本論の内容をまとめ、序論の目的に沿って結論を述べる。また、今後の課題も示す。

❷アウトラインの作成方法を理解する。

- 全体の見通しをたてるために、文章を書き始める前にアウトライン（節立て、骨格）を作成する。
- 適切な見出しを付け、話の展開がスムーズか、議論が飛躍していないか、一貫性のある議論になっているか、結論に導くために矛盾がないかなどを確認する。

❸わかりやすい見出し（タイトル）をつける。

- 簡潔かつ具体的な見出しにする。
- 名詞句（名詞で終わる形）にする。

参考文献

井下千以子（2021）『思考を鍛えるレポート・論文作成法　第3版』慶應義塾大学出版会
　▶類書ですが、相手を説得するための論じ方や思考法について詳しく書かれています。相手を説得する文章を書く自信がない人は一読をお勧めします。

卒業論文のアウトライン

　本章では、アウトラインの作成方法をみてきました。レポートは数ページのものが多いのでアウトラインも容易に作成できるかもしれませんが、卒論は数十ページに及び、情報も膨大になりますので、いかに順序だてて論理的に説明するかが重要になってきます。したがって、アウトラインの作成は卒論の大きな関門になってきますが、この作業がうまくいくと、その後は比較的楽に進んでいくでしょう。

　もちろん執筆途中での点検や再検討も必要になります。例えば、本論部分はデータの分析が進まないと、細分化が難しいでしょう。また、執筆途中で大幅な加筆や分量の調整が必要だと感じる部分も出てくるでしょう。一方で、アウトラインは卒論完成までの道しるべとなりますので、先行研究の構成なども参考にしながら作成してみてください。

　一例として卒論の執筆途中に作成されたアウトラインの例を示しておきます。

「神奈川県逗子市の漁師集団における言葉の特徴と変遷」
 1.　研究の位置付け
 　1.1　日本語学における集団語・位相語研究（背景・研究対象）
 　　1.1.1　集団語とは
 　　1.1.2　集団語の種類と特徴
 　　1.1.3　漁師言葉とは
 　1.2　漁村の文化研究（先行研究）
 　　1.2.1　民俗学的観点からの研究
 　　1.2.2　言語学的観点からの研究
 　1.3　なぜ漁師の言葉か（問題提起、研究目的）
 　　1.3.1　言語学的観点からの意義
 　　1.3.2　漁村の文化研究としての意義
 　　1.3.3　本研究の目的
 2.　研究概要
 　2.1　研究対象
 　2.2　研究方法
 　2.3　研究期間
 3.　漁師の言葉の造語法
 4.　漁師言葉の機能
 5.　漁師言葉の変遷
 6.　漁師言葉の言語意識
 7.　まとめと今後の課題

8

Microsoft Officeの基礎を身につける
（ワード、エクセル、パワーポイントの利用）

Point

1　ワードの機能を知る。

2　エクセルの機能を知る。

3　パワーポイントの機能を知る。

4　パワーポイント発表の準備をする。

8.1　ワードの機能・使い方を知る

　多くの大学では、Microsoft Officeのワード、エクセル、パワーポイント、チームズなどが無料でダウンロードでき、それらのツールを使って、レポートやプレゼンテーション資料を作成していくことになると思います。そこで、この章では、ワード、エクセル、パワーポイントの基本的な機能と使い方を紹介します。詳細な機能や使い方を知りたい場合は、Officeの関連書籍を購読したりインターネットで検索してみてください。ワードやエクセル、パワーポイントに関しては、とにかく「**習うより慣れろ**」ですので、時間があるときに色々な機能を試しながら文章や図表を作成してみてください。

　レポートを作成する際には、書式や体裁が決まっている場合（雛型があるもの）と、何も指定がない場合があります。雛型がある場合は、その書式に従って作成していきますが、特に指定がない場合は、ワードのレイアウトや書式を設定しなければならないこともあると思いますので、主な設定項目を

下記に記しておきます。

用紙サイズ／余白／行数と文字数

用紙サイズ・余白・行数は「レイアウト」タブの「ページ設定」で設定してください。用紙サイズは多くの場合がA4ですが、B5やB4で作成する場合は最初に設定しておく必要があります（レポート作成後に設定すると、レイアウトがずれることがあります）。上下左右の余白はミリ単位で設定できます。ページ数を調整したい場合などに、行数や1行あたりの文字数を変更します。

文字の大きさ／太字／斜体／下・上付き

「ホーム」タブの「フォント」の欄で文字の大きさ等を変更できます。文字の大きさはデフォルトでは10.5ptになっており、**標準は10.5pt〜12pt**です。タイトルや見出しなどは、わかりやすいように少し大きくするか、太字（ボールド体）にするのが基本です。また、学名などの表記は斜体（イタリック体）にすることが必要になります。また、CO_2のように2の文字を下付きにしたり、通し番号を振るときに上付きにする場合も、アイコンを押すだけで調整できます。

書体（フォント）

文字のフォントはデフォルトでは**游明朝**（もしくはMS明朝）になっています。これは特に問題がなければ変更する必要はないですが、タイトルなどは太字ではなく、ゴシック体にして強調することもあります。なお、英数字は、明朝体では見にくいので**Century**か**Times New Roman**にするのが基本です。CenturyとTimes New Romanは英数字のみに対応したフォントなので、文章を書き終わった後に、[Ctrl] + [A]で全選択をして、フォントの一括変換をすると、うまく揃えることができます。

中央揃え・両端揃え

「ホーム」タブの「段落」のアイコンをクリックすることで、文の位置を調整できます。本文は基本的には「両端揃え」で作成します。両端揃えは、各

行の最初と最後の文字がページの両端になるように自動的に配置されます。タイトルや見出しを中央に持っていきたいときは、中央揃えを選んでください。

インデント（字下げ・ぶら下げ）

インデントは文字の先頭や最後にスペースを入れることができる機能です。「レイアウト」タブの「段落」のインデントで字下げ・ぶら下げを行う必要がある場合があります。例えばブロック引用を行う時には、この機能で左右にスペースを入れます。また、参考文献リストは、「最初の行」で「ぶら下げ」を選択することでリストを見やすくすることが必要です。

禁則処理

禁則処理とは、句読点（、。）や閉じる方の鍵括弧や丸括弧、ハイフン、中黒などが行の先頭に来ないように設定することができる機能です。基本的にはワードのデフォルトとして設定されていますが、禁則処理されていない場合は、「レイアウト」タブの「段落」→「体裁」で設定してください。

改ページ

「レイアウト」タブの「区切り」にページ区切りやセクション区切りという機能があります。セクション区切りの「次のページから開始」をクリックすると、新しいセクションが次のページから開始されます。これは卒業論文など、何章にもわたる文章を書くときに、各章の先頭を必ず新しいページから始めたいときなどに役に立つ機能です。前のページに文章を挿入して行数が増えたとしてもセクション区切りをしていれば、次のページには干渉しないので、次のページの書き出しの位置がずれることはありません。

ヘッダー／フッター

ヘッダーとはページ上部の余白に情報を入れられる機能です。フッターはページ下部に情報を入れられる機能で、主にページ数を挿入するために使います。ワードで作成する文章が数枚に及ぶ場合には、「挿入」タブの「フッタ

ー」もしくは「ページ番号」でページを挿入します。

脚注

　脚注には、同一ページの下に挿入される脚注と、本文の後にまとめて表示される文末脚注があります。脚注を挿入したい箇所の後ろにカーソルを合わせ、「参考資料」タブの「脚注の挿入」や「文末脚注の挿入」を選択します。

図表の挿入

　エクセル等で作成した図表をワードに貼り付ける最もスタンダードな方法は、挿入したい図表を右クリックでコピーし、ワードにペーストする方法です。この場合、画像に変換されているわけではないので、ワード上でも編集が可能になりますが、気づかないうちに改変してしまうことがあるので、ワードには画像として貼り付けるのが無難です。画像で貼り付けるときは、「ホーム」タブの「貼り付け」で「形式を選択して貼り付け」をクリックし、「図（拡張メタファイル）」などで貼り付けましょう。

　コピー＆ペーストなどの本当に基礎的な機能については、ここでは説明していませんが、コピペに関しても注意があります。インターネット上の文章を引用のためにコピペして、文字のフォントやポイントが変わっているレポートをよく見かけますが、一部だけ書式が異なっていると見た目が悪いので、レポート内の書式や体裁は必ず統一するようにしましょう。なお、インターネット上の文章をコピーして貼り付けるときは、右クリックの「貼り付けオプション」で「テキストのみ保持」を選ぶと、書式が変わることはありません。

8.2　エクセルの機能・使い方を知る

　レポートには必要に応じて図表を挿入する必要があり、図表は一般的にエクセルを使用して作成します。エクセルにデータを打ち込んだり、統計資料からデータを取り込んだりした後、読者が理解しやすい図（グラフ）もしくは表に変換します。

エクセルでは、シートにデータを入力し、グラフ化したいデータのセルを選択した状態で「挿入」タブの「おすすめグラフ」やそれぞれのデータにフィットしたグラフの種類を選びます。以下は、それぞれのグラフの特徴です。

- 縦棒グラフ：棒の高さで量の大きさを比較する
- 折れ線グラフ：量の増減の変化が見やすい
- 円グラフ：全体における構成の比率が見やすい
- 横棒グラフ：棒の長さで量の大きさを比較する

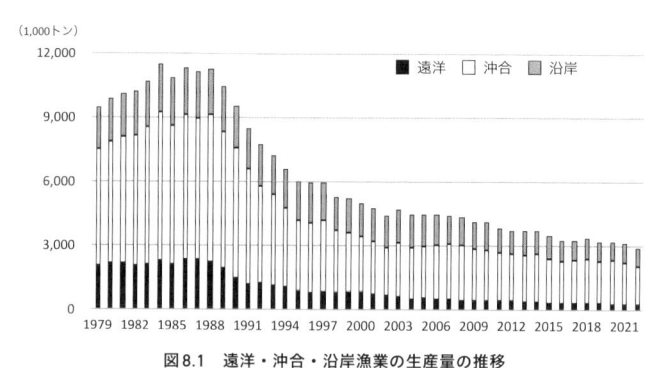

図8.1　遠洋・沖合・沿岸漁業の生産量の推移
資料：農林水産省「漁業・養殖業生産統計年報」より作成。

　図を作成したら、図8.1のようにタイトルをつけて、出典を明記します。このとき**図内の文字が小さくなりすぎないように**注意してください。また、**単位も忘れず記載**してください。なお、**タイトルは図の場合は図の下、表の場合は表の上**に配置することが一般的です。また、何を表している図表なのかが一目でわかるようなタイトルをつけてください。

　近年は官公庁が統計情報をエクセルで提供していますので、これらのデータを上手に利用するためにも、エクセルの基本的な使い方はマスターしておきましょう。研究の分野によっては、関数を使った複雑な計算やアンケート結果の高度な解析などを求められることがあります。データの処理は社会人になってからも必要ですので（ワードやパワーポイントの技術も）、専門の書

表 8.1 漁業の部門別生産量

(トン)

| 年次 | 総生産量 | 海面 | | | | | | | 内水面 | | |
| | | 計 | 漁業 | | | | 養殖業 | 計 | 漁業 | 養殖業 |
			小計	遠洋	沖合	沿岸				
2018	4,427,393	4,370,587	3,365,716	349,388	2,047,711	968,618	1,004,871	56,806	26,957	29,849
2019	4,203,661	4,150,678	3,235,450	328,834	1,976,879	929,737	915,228	52,983	21,767	31,216
2020	4,235,816	4,184,984	3,215,335	298,441	2,045,933	870,961	969,649	50,832	21,745	29,087
2021	4,157,723	4,105,966	3,179,325	278,766	1,963,195	937,365	926,641	51,757	18,904	32,854
2022	3,916,946	3,862,831	2,950,992	261,738	1,803,675	885,579	911,839	54,115	22,612	31,503

資料：農林水産省「漁業・養殖業生産統計年報」より作成。

籍を1冊買ってワード、エクセル、パワーポイントの使い方を身につけることをお勧めします。

8.3 パワーポイントの機能・使い方を知る

レポートや研究結果の発表をする際は、パワーポイントを使ってプロジェクターで投影することが一般的です。本節ではパワーポイントの基本的な使い方とスライドの設定について説明します。

パワーポイントを開き、「新しいプレゼンテーション」を選ぶと、白い無地のスライドが出てきます。レイアウトは1枚目が表紙となっており、新しいスライドを追加すると、タイトルとコンテンツが配置されたスライドが追加されます。このまま無地のスライドを使用しても全く問題ありませんが、「デザイン」タブなどから別のスライドデザインを選ぶこともできます。デザインを選ぶときに注意してほしいのは、「伝わりやすさ」です。複雑なデザインを選んだり、色が派手すぎたりして、書いてある内容よりもデザインの方に注意が向いてしまうようなスライドは避けたほうがよいでしょう。パワーポイントに収録されている雛形デザインは視覚的に見にくいものも多く含まれていますので、使う場合は調整して使うようにしましょう。

スライドは基本的には以下のように設定すると、見やすく構成できます。

- フォント：ゴシックなどの遠くからでも見やすい字体
- 文字の大きさ：本文は20pt以上（基本28pt以上が望ましい）
- 行数：10行以内
- 情報量の目安：スライド1枚につき1分程度で話し終える分量
- 情報の書き方：箇条書きが基本（場合によっては文章も可）
- デザイン：すべてのスライドを同じデザインで統一

　なお、図表をエクセルから貼り付ける場合は、基本的にはワードで説明した方法と同じです。写真を多用する場合は、ファイルの容量が大きくなりすぎないように、画像の解像度を下げましょう。容量が大きすぎるファイルは、動きが重くなってしまうからです。解像度を下げる方法は、写真を選択して、「図の形式」タブから「図の圧縮」を選び「電子メール用」などを選ぶと容量を小さくすることができます。

8.4　パワーポイント発表の準備をする

　パワーポイントが作成できたら、効果的な発表をするための工夫を考えてみます。なお、スライドはレポート・論文と同じように、タイトル（表紙）→内容（序論・本論・結論）→参考文献リスト、の順になります。

写真やイラストの活用

　発表では、限られた時間で聴衆に自分のレポート内容や研究を理解してもらう必要があるので、言葉で説明するだけでなく写真やイラストを挿入するとわかりやすくなります。ただし、インターネット上の写真やイラストは著作権が存在しますので、授業内でのみで使用し、使用する場合は必ず出典を明示してください。最近は、著作権フリーの写真やイラストも多いので、著作権フリーのものを使用したり、自身で撮影した写真や自身が作成したイラストを使用するのが無難でしょう。

アニメーションの活用

　パワーポイントでは、「アニメーション」タブから、文字や図表にアニメーションをつけることが可能です。ただ、うまく使いこなせていない発表が多々見受けられるので、研究発表の場では、アニメーションは多用しない方が良いでしょう。どうしても強調したい箇所に「フェード」のような比較的短いアニメーションをつけることは可能ですが、アニメーションが気になって内容が伝わらなくなってしまうようなことは、避けるようにしましょう。

スライドショー

　パワーポイントが完成したら、スライドショーで再生してみましょう。「スライドショー」タブの、「最初から」または「現在のスライドから」を押すと、スライドショーが始まります。発表前にスライドショーを再生してスライドの見え方を確認し、リハーサルをしてみてください。次のスライドに進んだり戻ったりする方法は何通りかあるので、進め方や戻り方も事前にチェックしておきましょう。

発表者ツールの活用

　発表者ツールでは、発表者だけが見えるメモやノートを表示したり、ポインターを使用することができます。「スライドショー」タブから、「発表者ツールを使用する」にチェックを入れることで使用できます。本番は原稿を読まずに発表することが望ましいですが、緊張して話す内容を忘れてしまう場合や人前で発表するのが苦手な人は、発表者ツールでノートを読めるようにしておきましょう。

1　これまで調べたこと・書いたことを元にワードで文章を作成し始めよう。また、その際には、雛形（「教授用資料について」（まえがき）参照）を使い、本章で紹介した様々な機能を試してみよう。

2　これまで調べた情報やデータを元に、図表を作成してみよう。もしくは、官公庁の統計データをダウンロードして、図表を作成してみよう。

3　これまで調べた内容を元に発表内容を考え、パワーポイントでスライドを作成してみよう。

まとめ

❶ワードの機能を知る。

- 文字・余白・間隔などを簡単に調整する機能を覚えよう。また、それらをうまく使い、統一感のあるきれいな見た目の文章を作れるようになろう。

❷エクセルの機能を知る。

- エクセルに数値を打ち込んで、視覚的に見やすい図表を作成する方法を覚えよう。また、画像をワードやパワーポイントに貼り付ける方法を学ぼう。

❸パワーポイントの機能を知る。

- 見やすいスライドを作成するために、情報量を抑える・箇条書きを利用するなどの基本を押さえよう。

❹パワーポイント発表の準備をする。

- スライドショーや発表者ツールなどを理解し、発表を円滑に進める準備
  をしよう。

参考文献

矢野文彦（監）（2022）『情報リテラシー教科書―Windows 11／office 2021 対応版―』オーム社
　▶ワード・エクセルなど Office の使い方が基礎から丁寧に書かれています。Office が苦手な人は参
　照しながら練習すると良いと思います。なお、定期的に改訂されているので、最新版を見るよ
　うにしましょう。

9

適切な言語・文章表現を意識する

Point

1　中立的な書き言葉を意識する。

2　曖昧な表現を避ける。

3　一文一義を意識する。

4　表記・用語を統一する。

9.1　レポート・論文のスタイル

　文章にはそれぞれの用途に応じたスタイルが存在し、レポート・論文のようなアカデミックな文章も同様です。レポート・論文とは、文章をとおして自分の主張を展開することにより、読者を説得するものです。そのため、まずはふさわしい**中立的な書き言葉**を踏まえる必要があります。また、**明瞭に、正確に**書く必要があります。本章では、中立的な書き言葉で、明瞭に、正確に書くための、具体的なポイントを考えていきます。

　なお、文章表現は得意・不得意や個人の癖が出てくるため、**必ず他人の目（AIの目）を入れる**ことが重要です。ただ大学生の場合は他人の文章の癖を指摘するのを遠慮してしまうことも多いため、生成系AIに聞く方が効果的かもしれません。その際にはプロンプトとして「次の文章は「である体」で作成している大学のレポートです。わかりやすく書き直してください。」などと指示をすると良いでしょう。一方で、意味が通じない文や非常に曖昧な文は、他

人（AI）では修正不可能ですので、**一語一語または一文一文よく意味を考えて書く癖をつける**ことが重要です。

9.2　中立的な書き言葉を意識する

　まず、レポート・論文の書き言葉として踏まえるべき基本的な点は、文体の統一、主観的表現・話し言葉の回避です。当たり前のように思う部分ですが、意識をしないと混ざってしまうため、気をつけましょう。

文体

　日本語には、「です・ます体」「だ体」「である体」の三つが存在し、必ずどれかに統一することが重要です。レポート・論文では、基本的には「である体」を使いましょう。

主観的表現の回避

　尊敬語や謙譲語、丁寧語など、書き手の主観が入る表現は避けましょう。
【例】
✕田中先生（2015）は、次のようにおっしゃっている。
〇田中（2015）は、次のように述べている。
✕このような先行研究は、捕鯨に対する新たな視点を与えてくれる。
〇このような先行研究は、捕鯨に対する新たな視点を与えるものである。

話し言葉の回避

　あまり文章を読まない、書いたことがないという人は、何が話し言葉かわからない場合も多いかもしれません。その場合は、話し言葉を書き言葉に変換した、以下の例を参考にするようにしてください。その他にも、書き言葉では、和語よりも漢語が好まれる傾向があるなど、語レベルの使い分けが多く存在します。自信のない人は、他人（AI）に必ず聞いてみるようにしましょう。

接続表現	
話し言葉	書き言葉
でも	しかし
のに	にもかかわらず
けど	が
なので	したがって
それから	また
〜して	〜し
〜ていて	〜ており
じゃあ	では

文末表現等	
話し言葉	書き言葉
でしょうか	だろうか
じゃないか	ではないか
してる	している
見れる	見られる
書かさせる	書かせる
読めれる	読める

副詞	
話し言葉	書き言葉
全然	まったく
多分	おそらく
もっと	より／さらに
一番	最も
とても	非常に
ちゃんと／きちんと／しっかりと	正確に／慎重に／十分に
まだまだ	いまだに／依然として
ちょっと	少々／やや
すごく	大変／非常に
だんだん	徐々に／次第に
どんどん	急速に／急激に

9.3　曖昧な表現を避ける

　レポート・論文を明瞭に書くためには、当然、曖昧な表現を避けなければいけません。普段話している時にはあまり意識していませんが、私たちは多くの曖昧な表現を使用しています。たとえば、「あれ」や「そこ」といった指示代名詞・助詞の「の」、形式名詞の「もの」「こと」を多用したり、一文の中で主語と述語が対応していなかったりします。レポート・論文では、こうした表現を避け、読み手にとってわかりやすい文章を書くことを心がける必要があります。

指示代名詞の多用の回避

　「あれ」や「そこ」といった指示代名詞は、書き手と読み手の間に、指すも

のに対する共通認識がなければ、意味が伝わりません。直前に指示対象があり、対応がわかりやすい場合以外は、指示代名詞を使用しないようにしましょう。特に、セクションの書き出しから指示代名詞が使われている場合は、要修正です（たとえ見出しに指示対象が入っていても、見出しは本文ではないので指示代名詞を使ってはいけません）。

【例】

✘本レポートにおいて、この問題を取り上げた理由は、食料自給率の低さという日本の農業における大きな課題に着目したからである。

〇本レポートにおいて、遺伝子組み換え食品の問題を取り上げた理由は、食料自給率の低さという日本の農業における大きな課題に着目したからである。

助詞「の」の多用の回避

　助詞の「の」も、多用すると文の要素の対応がわかりにくくなります。基本的には一つの名詞句で3回以上「の」を続けないことがルールです。その他の場合でも、「の」による接続の関係が曖昧になっていないか考慮して、具体的に書くこと（適切な助詞を見つけること）を意識しましょう。

【例】

✘以上、本レポートでは、日本の食品添加物の安全性の問題や食品表示の消費者意識の調査を整理した。

〇以上、本レポートでは、日本における食品添加物の安全性に関する問題を指摘し、食品表示に対する消費者意識の調査を整理した。

形式名詞「もの」「こと」の多用の回避

　「もの」や「こと」という表現も、文を曖昧にしてしまう要素の典型表現です。具体的な内容のある表現に置き換えて書くように意識してください。

【例】

✘無添加表示を一律に禁止するものはなく、食品表示は各事業者の判断により偏りが出るということが考えられる。

〇無添加表示を一律に禁止する規制はなく、食品表示は各事業者の判断によ

り偏りが出るという<u>危険性</u>が考えられる。

その他不明瞭な語・表現の使用を避ける

　レポート・論文では、一つ一つの語にしっかりと意味を持たせ、正確に読者に伝わるようにしなければなりません。そのため、様々な解釈が可能な不明瞭な語・表現の使用を避けましょう。

【例】

❌私たちは地球温暖化を止めるために、<u>環境にやさしい</u>生活を心がけ、<u>日々努力をしていく</u>必要がある。

⭕私たちは地球温暖化を止めるために、<u>環境に対する負荷を減らす</u>生活を心がけ、日々の<u>購買行動や生活パターンを見直す</u>必要がある。

相対的な時間表現を避ける

　ある時点を基準に述べる相対的な時間表現も、読み手の解釈が変わるため、絶対的な時間表現に置き換えましょう。

【例】

❌今日、今年、10年前
⭕執筆時点（2024年6月12日）、2024年、10年前（2014年）

9.4　一文一義を意識する

　文章を明瞭に書くためには、正確な語の選択をするだけでなく、一文一義という原則を踏まえる必要があります。一文一義とは、文字通り、一文の中に一つの情報を入れるということです。一文に一つ以上の情報が入っていると、読み手の理解が阻害されてしまいます。3行以上に渡っている文は、必ず複数の内容が入っていないか確認し、2文以上に分けられないか、考えるようにしましょう。その際には、適切な接続表現や指示代名詞で文をつなぐようにしましょう。

【例】

❌消費者の「無添加」表示に対する誤解を防ぐために、何がなされているの

か。前述の通り、2022年に消費者庁は『食品添加物の不使用表示に関する<u>ガイドライン』を発表し、消費者庁が発表したガイドラインでは、容器包装の表示を作成する際に注意すべき食品添加物の不使用表示を10の類型に分け、まとめてあるため、10の類型</u>を表1に示す。

○ 消費者の「無添加」表示に対する誤解を防ぐために、何がなされているのか。前述の通り、2022年に消費者庁は『食品添加物の不使用表示に関する<u>ガイドライン』を発表した。消費者庁が発表したガイドラインでは、容器包装の表示を作成する際に注意すべき食品添加物の不使用表示を10の類型に分け、まとめてある。その10の類型</u>を表1に示す。

【接続表現の例】
- 情報の追加：そして／そのうえ／しかも
- 理由と結論：それゆえ／ゆえに／したがって
- 逆の結果：しかし／しかしながら／ところが
- 比較・対比：一方で／一方／一方では／他方では／むしろ
- 説明の補足：なお／ただ／ただし

9.5　一般的な表記ルールを踏まえる

　レポート・論文の文章を正確に書くためには、一般的な表記ルールを踏まえて、統一した表記を心がけることも大事です。日本語は使用する文字の種類が多いため、表記の仕方に柔軟性があります。異なる表記法が混ざらないように、以下の一般的な表記ルールに従うようにしましょう。

漢数字とアラビア数字
　基本的には漢数字ではなくアラビア数字を用います。数値を表すとき（例：10mm、3人）、順序を表すとき（例：1回、1番）などはアラビア数字、慣用句（例：一石二鳥）、熟語（例：一軒家）や単語として体をなすもの（例：一つ）などアラビア数字で置き換えが不可能の場合は漢数字を使います。

ひらがな表記がよいもの

形式名詞（こと、ところ、ため等）、補助動詞（〜てくる、〜ている、〜ておく、〜という等）、接続詞（したがって、また等）、助動詞（〜のような、〜ではない等）、和語の副詞（なぜ、ほとんど、まったく等）、その他の和語（できる、おいしい等）

「ず・づ」「じ・ぢ」「う・お」の区別

どちらの表記が正しいか分からなくても、ワードのオートコレクトで間違いは指摘してもらえます。

【例】

✗ まづ、少しづつ、このとうりに

○ まず、少しずつ、このとおりに

体言止め

体言止めは、文末を名詞で終える表現方法です。新聞などでは使われますが、レポート・論文では使用しません。

【例】

✗ 海洋の生態系に影響を与えている海洋プラスチックごみ。

○ 海洋プラスチックごみは、海洋の生態系に影響を与えている。

文章作成の際には、読点、中黒、各種括弧など、様々な記号も正しく、統一性を持って使用する必要があります。

読点

読点は、意味のまとまりを示すために使います。どこに読点を打つかによって文の意味が変わることがありますので、文の構造を意識して打ちましょう。基本的な読点を打つ箇所は次のとおりです。

【例】

● 主語の後

河川などを通じて海に流れ出た海洋プラスチックごみは、海洋環境の悪化

を引き起こす。

- 接続表現の後

  しかし、また、一方、さらに、なお、そこで、たとえば、つまり、〜と、〜ば、〜ため、〜たり、にもかかわらず、等

中黒

中黒（・）は、同じカテゴリーの語を並列する場合に使用します。

【例】

日本周辺を流れる海流には、大きく分けて、<u>対馬海流・黒潮・リマン海流・親潮</u>がある。

かぎ括弧

「 」は、主に直接引用に使用します。また、作品タイトルや固有名詞を示す場合や、メタ言語的な説明（言語そのものについての説明）の場合に使用されます。

【例】

- 映画「<u>マイ・フェア・レディ</u>」では、20世紀初頭のイギリスの方言意識を垣間見ることができる。
- 「行った」は「いった」と「おこなった」の区別が難しいため、ひらがなで表記する場合も多い。

二重かぎ括弧・丸括弧（パーレン）

『 』は、書名を示す場合に使用します。（ ）は、引用の際に、著者名や発行年を表記する際に使用します。また、文中に短い補足を加える際に使用します。後者の場合はしっかりと文がつながっているか確認しましょう。

その他記号やフォントの変更

感嘆符（！）や疑問符（？）は、基本的には使用しません。本文の一部を強調するためのボールド体（太字）・アンダーラインも、基本的には使用しません。

9.6 用語を統一する

　レポート・論文を正確に書くためのもう一つのポイントとして、用語の統一があります。レポート・論文を執筆していると、同じ意味に対して複数の用語を使ってしまう場合があります。使い分けているのであれば理由を説明し、使い分けているつもりがなければ用語を統一することで、読み手にも用語の意味が明確に伝わるようになります。

【例】

✕ 2-2. 日本の立場と遺伝子組み換え食品への取り組み

　世界での遺伝子組み換え農作物の生産が年々増加傾向であるのに対して、日本では遺伝子組み換え農作物の商業的な生産は全く行われていない。前述のとおり、消費の面では多くの遺伝子組み換え農作物を輸入している。遺伝子組換え農作物を日本国内でも栽培しようという取り組みは何度か行われてきた。1990年代後半から2000年代前半にかけて、大規模ではないものの除草剤耐性大豆などを栽培していたが、結果的にすべて取りやめとなっている。その最たる原因といえるのが当時の消費者やマスコミによる遺伝子組換え農作物への否定的な反応である。2006年時点での意識調査では62%の人が遺伝子組み換え食品を食べることに不安を少しでも感じていた[3]。現在においても日本国内では遺伝子組み換え農作物の商業的栽培は行われていない。

　見出しには、「遺伝子組み換え食品」とありますが、本文中には「遺伝子組換え農作物」・「遺伝子組み換え農作物」と「遺伝子組み換え食品」が混在しています（直線の下線部分）。さらに、「商業的な生産」と「商業的栽培」も同じような意味で使用されています（波線の下線部分）。これを統一すると格段と理解がしやすくなります。レポート・論文を書く際には、こうした微妙な意味の違いにも気を配り、読み手にとってわかりやすい文章を書くようにしましょう。

【例】

〇 2-2. 日本の立場と遺伝子組み換え農作物への取り組み

世界での遺伝子組み換え農作物の生産が年々増加傾向であるのに対して、日本では遺伝子組み換え農作物の商業的な生産は全く行われていない。前述のとおり、消費の面では多くの遺伝子組み換え農作物を輸入している。遺伝子組み換え農作物を日本国内でも栽培しようという取り組みは何度か行われてきた。1990年代後半から2000年代前半にかけて、大規模ではないものの除草剤耐性大豆などを栽培していたが、結果的にすべて取りやめとなっている。その最たる原因といえるのが当時の消費者やマスコミによる遺伝子組み換え農作物への否定的な反応である。2006年時点での意識調査では62%の人が遺伝子組み換え農作物を食べることに不安を少しでも感じていた[3]。現在においても日本国内では遺伝子組み換え農作物の商業的な生産は行われていない。

個人・ピア活動

| 1 | レポート・論文の一部を書き、ピアで次の点をチェックしてみよう。また、ChatGPTにも文章を直してもらおう。 |

- a) 適切な書き言葉が使用できているか
- b) 曖昧な表現が使われていないか
- c) 各文が一文一義になっているか
- d) 一般的な表記ルールに従って、表記が統一されているか
- e) 用語が統一されているか

まとめ

❶中立的な書き言葉を意識する。

- 「である」体を使用し、話し手の主観が入る表現や、話し言葉的な表現を避ける。

❷曖昧な表現を避ける。

- 指示代名詞や形式名詞の多用、格助詞の「の」の重なりを避け、一語一語の意味を考えながら文章を作成する。

❸一文一義を意識する。

- 一つの文に複数の要素が入っていないか確認し、必要であれば文を二つ以上に分ける。

❹表記・用語を統一する。

- 一般的な表記ルールに従い、ひらがな・漢字、記号、数字などの表記を統一する。
- 用語は、微妙な意味の違いにも気を配り、複数の語を使い分けているのであれば理由を説明する。

参考文献

石黒圭 (2009)『よくわかる文章表現の技術Ⅰ　新版』明治書院
　▶接続詞の使い方、文の長さと読みやすさなどについてより詳しく丁寧に説明されています。
二通信子・大島弥生・佐藤勢紀子・因京子・山本富美子 (2009)『留学生と日本人学生のためのレポート・論文表現ハンドブック』東京大学出版会
　▶レポート・論文でよく使う文末表現や接続表現が、使用場面ごとにわかりやすくまとめられています。正しい表現を見つけるための辞典的に使用できます。
日本エディタースクール編 (2012)『日本語表記ルールブック　第2版』日本エディタースクール出版部
　▶日本語表記の基本的なルールが詳しくまとめられています。

10

結束性と一貫性のある
文章を作成する

Point

1 パラグラフ・ライティングとは何かを理解する。

2 パラグラフの作り方を理解する。

3 複数のパラグラフの積み重ね方を理解する。

10.1 パラグラフ・ライティングとは

　第9章では、一つ一つの文の意味を明確にする「一文一義」の書き方・考え方を紹介しました。文は、思考を表すための基本的な単位であり、レポートを構成する最も基本的な要素でもあります。そのため、一つ一つの文の意味を明確にすることはとても大切です。しかし、一つ一つの文の意味が明確であっても、それらの文を適切に積み重ねなければ、肝心の文章全体がちぐはぐで読みにくいものになってしまいます。

　では、複数の文をどのように積み重ねれば、全体として読みやすい文章になるのでしょうか。その積み重ね方の指針を与えてくれるのが、「パラグラフ・ライティング」です。**パラグラフ・ライティングとは、複数の文のまとまり（パラグラフ）を一つの思考の単位と捉え、各パラグラフで一つの事柄を順序立てて論じていく書き方**です。

　パラグラフは、全体を統括する内容を明確に記した一文「**中心文**」を置き、

残りの文はその詳細を述べる「**支持文**」または「**サポート・センテンス**」を置くという構造になっています。つまり、適切なパラグラフを作成するためには、ある程度の意味のまとまりで段落を分けるだけでは十分ではありません。中心文の役割をしっかりと意識した上で、文を作成することが重要になります。

【適切でないパラグラフの例①】
　チームスポーツは、複数人でチームを作り、複数のチームの間で勝敗やタイムを競うルールのスポーツである。例えば、野球、バスケットボール、サッカー、カーリングなどがチームスポーツに当たる。それに対し、個人スポーツは、個人単位で勝敗やタイムなどを競うルールのスポーツである。例えば、走り幅跳び、マラソン、ゴルフなどが挙げられる。

　上の文章例は、スポーツの分類という一つのテーマについて述べた文のまとまりとなっています。そのテーマから外れた文は一つも含まれていません。しかし、この文章全体を統括するような一つの主張や主旨を表した中心文が存在しません。そのため、適切なパラグラフにはなっていないと言えます。また、次の例も、適切なパラグラフになっていないまとまりの例です。

【適切でないパラグラフの例②（予告文の追加）】
　ここから、チームスポーツと個人スポーツについて述べる。チームスポーツは、複数人でチームを作り、複数のチームの間で勝敗やタイムを競うルールのスポーツである。例えば、野球、バスケットボール、サッカー、カーリングなどがチームスポーツに当たる。それに対し、個人スポーツは、個人単位で勝敗やタイムなどを競うルールのスポーツである。例えば、走り幅跳び、マラソン、ゴルフなどが挙げられる。

　この例は、最初の例の冒頭に、テーマを予告した一文を付け加えたものです（破線部）。この一文を読めば、この文章が何について述べたものなのかを読者は理解できます。しかし、このようにテーマを予告した文を付け加えた

としても、そのテーマについて結局何が言いたいのかという肝心な点（段落全体の主旨・要点）が分かりません。

【適切なパラグラフの例（中心文の追加）】
　スポーツは、チームスポーツと個人スポーツとに大別できる。チームスポーツとは、複数人でチームを作り、複数のチームの間で勝敗やタイムを競うルールのスポーツである。例えば、野球、バスケットボール、サッカー、カーリングなどがチームスポーツに当たる。それに対し、個人スポーツとは、個人単位で勝敗やタイムなどを競うルールのスポーツである。例えば、走り幅跳び、マラソン、ゴルフなどが挙げられる。

　一方で、上の例は、最初の例の冒頭に、その文章全体の内容を統括（要約）した文を付け加えたものです（下線部）。読者は下線部の一文を読めば、この文章全体の主旨（要点）を理解することができます。下線部に続く四つの文は、いずれも下線部の内容を詳細に説明するか、その説明の具体例を提示するものになっています。つまり、パラグラフ・ライティングにとって重要な、**主旨と詳細という明確な役割分担**が存在します。

　パラグラフ・ライティングは、このように、一つの中心文と複数の支持文からなるパラグラフを単位として文章全体を構成していく書き方・考え方です。その利点は主に二つあります。一つは、**各パラグラフの主旨を読み手が明確に理解し、それに沿って詳しい内容を読み進めることができる**という点です。中心文さえ読めば、読み手はそのパラグラフの主旨（要点）をただちに理解できます。また、主旨（要点）を押さえておけば、詳しい内容を述べた残りの文（支持文）も理解しやすくなります。反対に、中心文が書かれていない文章は、同じような内容を述べていたとしても、結局何が言いたいのかがはっきりせず、要領を得ないものになってしまいます。

　パラグラフ・ライティングの利点の二つめは、**パラグラフを超えた文章全体の論の流れも捉えやすくなる**、という点です。レポート・論文を構成する章や節は、基本的に複数のパラグラフで構成されます。各パラグラフに明確な中心文が書かれている場合、各パラグラフの中心文だけを続けて読みさえ

すれば文章全体の流れがわかります。もし中心文だけをつなげて読んでも全体の論の流れがよく分からない場合は、パラグラフを並べる順序に問題があるか、説明すべき論点が抜けている可能性があります。

　なお、上に挙げた適切なパラグラフの例のように、中心文はパラグラフの冒頭に置かれることが一般的です。しかし、中心文がパラグラフの末尾に書かれる場合や、冒頭と末尾の両方に書かれる場合もあります。トピック・センテンスが冒頭に書かれたパラグラフは頭括型、末尾に書かれたものは尾括型、両方に書かれたものは双括型と呼ばれます（図10.1）。

A. 頭括型	B. 尾括型	C. 双括型
中心文（主旨）	支持文（詳細）	中心文（主旨）
支持文（詳細）	支持文（詳細）	支持文（詳細）
支持文（詳細）	支持文（詳細）	支持文（詳細）
支持文（詳細）	中心文（主旨）	中心文（主旨）

図10.1　中心文の位置によるパラグラフの分類

　頭括型の利点は、読者がそのパラグラフの要点を最初に把握した上で、残りの部分を読み進められる点にあります。レポートや論文のパラグラフでは多くの場合、込み入った議論や詳細な議論をする必要があります。議論の最初にその要点を示しておくことは、読者が詳しい議論を理解する上で大きな助けとなります。ですので、中心文はできる限りパラグラフの冒頭部分に記すように心がけましょう。

　しかし、ときには中心文を冒頭に記すことが難しい場合もあります。中心文の内容を理解するために多くの前提知識が必要な場合や、一般的な考え方とは異なっていて読者の拒絶反応を招く恐れがある場合などです。序論の背景部分は、そのような場合が多いと考えられます。そのような場合は、パラグラフの冒頭から少しずつ説明を積み重ねた上で、末尾に中心文を記す尾括型がよいでしょう。

　また、冒頭に中心文を記したとしても、それに続く支持文の数が多かっ

り、説明が複雑だったりすると、読み終える頃には、結局そのパラグラフで何が言いたいのかが分かりにくくなる場合があります。そうした場合には、末尾に改めてそのパラグラフの主張や主旨（内容の要点）を記しておくとよいでしょう。この場合、パラグラフは双括型になります。

10.2　パラグラフの作り方

　各パラグラフで記述する内容は様々であるため、具体的なパラグラフの作り方も様々です。そこで、本節では、パラグラフの作り方を具体的にみていきましょう。

主張を述べるパラグラフ

【例】

　食品ロス削減のため、食品の賞味期限表示の大括り化を推進すべきであると考えられる。賞味期限表示の大括り化には、期限に伴い納品できなくなる食品の減少、保管や荷出し業務の効率化、小売段階での売れ残りの減少といった利点が期待されるからである。確かに、表示される賞味期限が短くなり、かえって廃棄されやすくなる場合がありうるなど、いくつか懸念される点もある。しかし、こうした点は、食品の種類ごとに表示のルールを柔軟に設定することなどにより、対応可能である。

　上の例では、冒頭の中心文で、「賞味期限表示の大括り化を推進すべき」という主張を述べています。続く三つの支持文では、その主張の根拠を提示しています。一つめの支持文では、賞味期限表示の大括り化によってもたらされる利点を三つに要約して述べています。二つめと三つめの支持文では、大括り化に伴う懸念点と、それに対する対応策を簡潔に説明しています。このように、中心文で主張を述べ、支持文でその根拠を述べる際には、想定される反論や懸念に対する応答（反駁）を支持文の中に含めることも効果的です。

　なお、上の例は、レポートの序論において、全体で扱う主張と論点を要約して示した文章の形をとっています。レポート全体との関係でみれば、上の

例の冒頭の中心文は全体の主張に対応し、続く三つの支持文は、その主張を導くために本論の中で扱う具体的な論点（観点）に対応しているといえるでしょう。このような、一つのパラグラフとレポート全体との関係については、次の10.3節でもう少し詳しく説明します。

利点や欠点を挙げるパラグラフ

【例】

　賞味期限表示を大括り化する利点の一つめは、年月日表示の場合にあったような厳密な納期がなくなることにより、食品ロスの削減が見込まれる点にある。年月日表示の場合には、既に納品したものよりも賞味期限が1日でも先に来る商品は、納品することができない。しかし、年月表示や日まとめ表示にすれば、同一期限の商品が年月日表示の場合よりも多くなるため、賞味期限のわずかな差で納品できなくなるという問題が起こりにくくなる。

　上の例では、冒頭の中心文で「賞味期限表示を大括り化する利点の一つめ」が何かを述べています。続く二つの支持文では、大括り化をしない場合に生じやすい問題点と、それが大括り化によって生じにくくなる理由が説明されています。このように、利点や欠点を説明するパラグラフでは、中心文で利点や欠点の概要を述べ、支持文では、その利点や欠点が生じる理由やメカニズムを説明すると効果的です。

事例を紹介するパラグラフ

【例】

　食品ロスを削減するためには、食料支援を必要としている人に、必要な食料を効率良く届けることが求められる。そのための取組みの一つに、全国食支援活動協力会が運営している「ロジシステム」がある。これは、寄贈食品の受け入れと分配のために全国に設置されている拠点をネットワークで繋ぎ、各地域への食品分配を調整する仕組みである[1]。取りまとめ役である本部のコーディネーターが、各拠点における食品受け取り希望の状況を踏まえて、分配先の調整や決定を行なっている[1]。

参考文献

1) 農林水産省：各地域のネットワークによる全国への食料支援の取組，n.d.. https://www.maff.go.jp/
　　j/shokusan/recycle/syoku_loss/foodbank.html（2024年6月21日閲覧）

　上の例では、冒頭の中心文で、食品ロス削減につながる効率的な食料分配を目指す取り組みの例として、「ロジシステム」という仕組みを紹介しています（この例では、冒頭の二つの文を合わせて中心文とみなしています）。続く二つの支持文では、この仕組みのより詳しい機能が説明されています。このように、事例を紹介するパラグラフでは、何のためにその事例を取り上げているのか（その事例の意義は何なのか）がわかるように、中心文の書き方を工夫する必要があります。その上で、その事例の詳しい中身を支持文で説明していくとよいでしょう。

経緯を説明するパラグラフ

【例】

　日本マクドナルドは、2019年から2023年の5年間で、売上高と営業利益をともに順調に伸ばしてきた。売上高は、2019年の約2818億円から2023年の約3820億円まで、毎年増加を続けた[1]。5年間で約35%の伸び率である。営業利益は、2019年には約280億円であったが、2023年には約409億円にまで増加した[1]。2022年には前年より若干落ち込んだものの[1]、5年間で約46%の伸び率を記録した。

参考文献

1) 日本マクドナルドホールディングス株式会社：財務指標サマリー，https://www.mcd-holdings.
　　co.jp/ir/summary/#hd_summary_02（2024年6月21日閲覧）

　上の例では、冒頭の中心文で、ここ5年間の日本マクドナルドの売上高と営業利益の推移を概括的に示しています。続く四つの支持文では、同社の売上高と営業利益のそれぞれについて、5年間のより具体的な推移と伸び率を紹介しています。このように、事柄の経緯を説明するパラグラフでは、中心文で経緯の概略を示し、続く支持文では要因ごとに、あるいは時系列に沿って、経緯をより具体的に説明していくとよいでしょう。

定義を示すパラグラフ

【例】

　フードバンクのハブ拠点とは、提供食品の受け入れと、食支援団体への分配を行うフードバンク支部のことである[1]。ハブ拠点は、食支援団体が分配食品を直接受け取りに行きやすい場所に設置され[1]、食品企業の製造工程で発生する規格外品などを引き取り、福祉施設等へ提供する[2]。全国食支援活動協力会が運営する「ロジシステム」に組み込まれる形で、2024年現在全国に167か所存在している[1]。

参考文献

1) 全国食支援活動協力会：ミールズ・オン・ホイールズ　ロジシステム，n.d.. https://mow.jp/mow-ls/（2024年6月21日参照）
2) 農林水産省：フードバンク，n.d.. https://www.maff.go.jp/j/shokusan/recycle/syoku_loss/foodbank.html（2024年6月21日参照）

　上の例では、冒頭の中心文で「フードバンクのハブ拠点」というキーワードの定義を示しています。続く二つの支持文では、その定義の補足となる情報を提示しています。このように、定義をするパラグラフにおいては、中心文でなるべく具体的な定義を示し、続く支持文では、その定義の理解に資する様々な情報を補足していくとよいでしょう。

分類をするパラグラフ

【例】

　日本のフードバンクにおける食品の取り扱い方法には、主に「在庫型」「クロスドッキング型」「引き取り・配送型」「仲介型」の四つがある[1]。「在庫型」は、フードバンクが倉庫を持ち、食品提供者から受け入れた食品をストックし、食品提供先へ配送する方法である。「クロスドッキング型」は、提供された食品をフードバンクが拠点に受け入れ、集約・仕分けし、食品受取先がそこまで取りに行く方法である。「引き取り・配送型」では、フードバンクが食品提供者に出向いて食品を受け取った上で、食品提供先へ配送する。「仲介型」では、フードバンクは食品提供数と食品受取先の受け取り数の調整・連絡等の業務に特化し、食品受取先が食品提供者まで引き取りに出向く。

参考文献

1) 流通経済研究所：平成31年度　持続可能な循環資源活用総合対策事業　フードバンク実態調査事業　報告書，2020，p.19. https://www.maff.go.jp/j/shokusan/recycle/syoku_loss/foodbank.html （2024年6月21日参照）

　上の例では、冒頭の中心文で「日本のフードバンクにおける食品の取り扱い方法」の分類の概要を示しています。続く四つの支持文では、分類された四つの方法のそれぞれについて、より具体的な説明を加えています。このように、分類をするパラグラフにおいては、中心文で分類の概要を示し、続く支持文では、概要で示した類別ごとに詳しい説明や具体例を追加していくとよいでしょう。

対比をするパラグラフ

【例】

　食品提供者がフードバンクに食品を寄贈する際に事前に提供する情報には、多くのフードバンクに共通して提供される情報もあるが、そうでない情報もある。前者の例として、「引き渡し日・時間」、「引き渡し場所」、「消費期限・賞味期限」、「商品名称」、「数量」などの情報がある[1]。これらの情報は、8割以上のフードバンクが提供を受けている[1]。一方で、「アレルゲン等に関する情報」「商品の写真」などの情報を受けているフードバンクは比較的少なく、全体の3割に留まっている[1]。

参考文献

1) 流通経済研究所：平成31年度　持続可能な循環資源活用総合対策事業　フードバンク実態調査事業　報告書，2020，p.21. https://www.maff.go.jp/j/shokusan/recycle/syoku_loss/foodbank.html （2024年6月21日参照）

　上の例では、冒頭の中心文で「多くのフードバンクに共通して提供されうる情報」と「そうでない情報」という対比を提示しています。続く三つの支持文では、対比された2種類の情報について、具体的な情報の内容および、そうした情報が提供されるフードバンクの割合の違いを示しています。このように、対比をするパラグラフにおいては、まず、何と何を、どのような観点

で対比しているのかが、明確に分かるような中心文を示す必要があります。続く支持文では、対比された二つの対象のより詳しい内容やその違いについて、説明を重ねていくとよいでしょう。

　以上、パラグラフの典型的な例を紹介しましたが、これらの例に合わないものも存在するでしょう。その場合も例を参考にしながら、中心文と指示文の役割を意識したパラグラフを作成してみてください。

10.3　複数のパラグラフの積み重ね方

　前節では、一つ一つのパラグラフをどのように作ったらよいのかを、様々な具体例に即してみてきました。適切な中心文と支持文を組み合わせれば、一つのパラグラフでひとまとまりの思考を説得的に展開できます。しかし、一つ一つのパラグラフを適切に作ったとしても、それらのパラグラフを適切に積み重ねなければ、肝心の文章全体はちぐはぐで読みにくいものになってしまいます。

　複数のパラグラフを積み重ねる際にも、基準となる「中心文」のようなものがあります。それが、**文章全体の核となる**「**問い**」です。第6章で述べたように、レポート・論文を書く際には、全体の核となる問い（目的）を決めることがとても重要です。レポート・論文の全体は、その核となる問いに答えるため（もしくは目的を達成するため）に書くものだからです。つまり、レポート・論文で書くすべてのパラグラフは、問い（目的）に対して積み重ねていくことになります。

　では、パラグラフをどのように積み重ねれば、レポートの核となる問いにうまく答えられるのでしょうか。その点を考える際に重要なのが、「観点」の絞り込みです。第6章で述べたように、レポート・論文においては、核となる問いに答えるための「観点」を絞り込むことが必要です。観点に沿ったアウトラインが一旦できれば、それがパラグラフを積み重ねる際の目印になります。つまり、それぞれの章・節・項の見出しに対応した内容のパラグラフを複数集めて（作って）、積み重ねていけばよいのです。そうすれば、観点ごとに整理された形でパラグラフを積み重ねることができ、最終的には、レポー

ト全体の核となる問いに答えることができるはずです。

　最後に、このような文章全体のつながりを具体例で確認してみましょう。下の文章は、「食品ロスを減らすために、賞味期限表示の大括り化を進めるべきか」というテーマで書かれたレポートの例です。レポートの全体構造がみえるように、一部削除し、簡略化した形で示しています。なお卒業論文のような長い文章でも同様にパラグラフ間のつながりをしっかり示すことが重要です。

　この例をみると、本論の各パラグラフの中心文が、絞り込んだ一つ一つの**観点**を含んだ形で作られ、並べられていることが分かると思います。さらに、その結果として、レポートの核となる問いに答えられていることにも着目してください。なお、以下の例においては、下線部がパラグラフの中心文となっており、それに続く文や、…で省略された部分はパラグラフの支持文となっています。網掛け部分は、レポート全体の核となる問い、またはその答えとなる主張です。また、**太字部分**は、核となる問いを論じるために絞り込んだ複数の観点を表しています。

レポート全体の問い・観点と、各パラグラフとのつながりの例

食品ロスを減らすために賞味期限表示の大括り化を進めるべきか

＃＃＃＃（氏名）

1.　はじめに

　近年食品ロスの問題が………（中略）………
本稿では、食品ロス削減のため、食品の賞味期限表示の大括り化を進めるべきかを論じる。賞味期限表示の大括り化とは………（中略）である。………（中略）……………………………………

　賞味期限表示の大括り化には、期限に伴い納品できなくなる食品の減少、保管や荷出し業務の効率化、小売段階での売れ残りの減少といった**利点**が存在する。一方で、表示される賞味期限が短くなり、かえって廃棄されやすくなる場合がありうるなど、いくつか**懸念される点**も存在する。また、**大括り**

化以外に考えられる食品ロス対策としては、賞味期限表示自体の廃止や、食品納品期限の緩和なども考えられる。そのため、本稿では、第2節で賞味期限表示の大括り化の利点、第3節で懸念点とその対応策を論じる。そして、第4節で大括り化以外の食品ロス対策について論じる。これらの点から、本稿では、食品ロス対策としての賞味期限表示の大括り化を進めるべきであるという結論づける。

2. 賞味期限表示の大括り化の利点

賞味期限表示の大括り化には、主に三つの利点が期待される。一つめは、年月日表示の場合にあったような厳密な納期がなくなることにより、食品ロスの削減が見込まれる点である。………

二つめの利点は、保管や荷出し業務の効率化につながる点である。…………………………………………………………………………

三つめの利点は、小売段階での売れ残りの減少にもつながる点である。……………………………………………………………………

3. 大括り化により懸念される点と対応策

3.1 懸念される点

賞味期限表示の大括り化を進めた場合、主に二つの点が懸念される。一つめは、表示される賞味期限が短くなり、かえって廃棄されやすくなる場合がありうる点である。……

二つめの懸念点は、表示の変更により消費者が混乱をきたす恐れがある点である。………

3.2 対応策

大括り化に伴う一つめの懸念点に対しては、食品の種類ごとに表示のルールを柔軟に設定することで対応可能である。……………………………………………………………………

………………………………………………………

　二つめの懸念点に対しては、政府の広報や食品企業のコマーシャルなどを通じた情報発信によって**対応**可能である。………………………………………………………

………………………………………………………

4.　**大括り化以外に考えられる対策案**とその**難点**

　賞味期限表示に関連して、**大括り化以外に考えられる食品ロス対策**案としては、賞味期限表示自体の廃止が挙げられる。しかし、**この案は実現可能性が低い。**………………………………………………………………………

　大括り化以外の食品ロス対策案としては、食品納品期限の緩和も考えられる。しかし、この案は、小売店での販売期間が短縮されてしまう点や、食品製造業・卸売業に対する利点が見えづらいといった**問題がある。**

………………………………………………………

5.　おわりに

　本稿では、食品ロス削減のため、食品の賞味期限表示の大括り化を進めるべきかを論じてきた。………………………………………………………………………………………………以上の点から、食品ロス削減のため、食品の賞味期限表示の大括り化を進めるべきであると考えられる。

参考文献（省略）

個人・ピア活動

---

1 レポート執筆の一環として、本論のパラグラフを一つ以上書いてみよう。書き終えたらピアに見せ合い、以下のチェックリストに沿って互いのパラグラフを確認してみよう。満たしていない点があれば、パラグラフを書き直そう。

□パラグラフ全体の内容を統括した中心文が書かれている

□中心文以外に、複数の支持文が書かれている

□支持文には、中心文の根拠や詳細となる内容だけが書かれている

---

2 ピアとペアになり、**1**で書いたパラグラフと、レポート全体の核となる問いや目的との関連を考えてみよう。

中心文は問いや目的との関連を示せているだろうか。

まとめ

❶パラグラフ・ライティングとは何かを理解する。

● パラグラフ・ライティングとは、複数の文のまとまり（パラグラフ）を一つの思考の単位と捉え、一つのパラグラフで一つの事柄を順序立てて論じていく書き方・考え方のこと。

❷パラグラフの作り方を理解する。

● パラグラフには、中心文と支持文という明確な役割分担があり、その構造はどのようなパラグラフにも共通している。例を参考にしながら、適切なパラグラフを作っていこう。

❸複数のパラグラフの積み重ね方を理解する。

● レポートを構成する全てのパラグラフは、レポート全体の核となる問い

や目的と結びついている必要がある。

参考文献

松浦年男・田村早苗 (2022)『日本語パラグラフ・ライティング入門—読み手を迷わせないための書く技術—』研究社

▶パラグラフ・ライティングを「情報の整理と言語化」のための技術と捉え、レポートや論文に限らず様々な種類の文章を書く際に活用できることを紹介した書籍です。多くの具体例や練習問題が含まれているので、パラグラフを作る感覚を身につけたい人にお勧めです。

11
文章の中で引用を活かす

Point
1 引用不足や過剰引用を避けるための基本を理解する。
2 問題の所在を説明する際の引用の活かし方を理解する。
3 自分の論を補強する際の引用の活かし方を理解する。

11.1 適切に引用を行うための留意点

　第5章では、レポートや論文で求められる内容に即して引用の意義を説明し、引用をする際の基本的な作法を紹介しました。また引用の基本的な留意点として、以下の三つを紹介しました。

①本文中で自分の言葉と他者の言葉を明確に区別する
②本文の後に参考文献リストを付ける
③自分の論述にとって必要な範囲に限って引用する

本章では、③の点を掘り下げて、より具体的な場面に即して、文章の中で引用を活かす方法を考えていきます。

　具体例を考える前に、前提として「必要な範囲の引用」とは何かを考える必要があります。学生のレポートでは、**引用が不足**している場合と**引用が過剰**

に行われている場合の両方があります。引用の不足は、文章の説得力を著しく下げることにつながります。レポート・論文は必ず、事実に基づいた考察が求められますので、主張の前提となる事実の部分に引用が不足していることがないように気をつけましょう。また、引用が過剰に行われることも問題です。第5章で述べたように、レポート・論文で主となるのは他者の言葉ではなく、自分の考えです。そのため、レポートの文章の大半が引用元の内容の引き写しになっているようなことも避けなければいけません。

11.2 過剰な引用の回避

　過剰な引用を避けるためには、引用しただけで自分の論を終わらせていないか、長すぎる直接引用がないかを確認しましょう。参考文献を調べていると、レポートのテーマやそこに含まれる論点について、納得できる説明や共感できる意見を見つけることがあると思います。そうした説明や意見を「○○について、□□は〜〜と述べている。」とだけ書いて、議論を次に進めてしまう書き方をしないように気をつけましょう。他者の見解を引用した際には、自分の文章の展開にどのような意味を持っているのか、自分の言葉で説明する必要があるのです。もし自分の言葉でそうした説明ができないのであれば、その引用はそのレポートにとって不必要なものである可能性が高いといえます。

　また、長々と直接引用をしていないかどうかも確認しましょう。学生のレポートの中には、詳しい情報が多く盛り込まれた文章をそっくりそのまま引用しているものも見かけます。レポートで扱っているテーマや論点について、詳しい情報が書かれた文献を見つけることは重要です。しかし、その文献は、あなたが書いているレポートとは異なる目的で書かれたものです。したがって、その文献に書かれた情報を引用する際には、自分のレポートの目的に照らして取捨選択をすることが必須です。そうした情報の取捨選択ができないのであれば、そのレポートの目的自体がきちんと定まっていない可能性があります。以下、情報の取捨選択ができていない引用の例を一つみてみましょう。

【情報の取捨選択がされていない例（長々とした直接引用）】

　井上[1]によれば、「学生の自由にはいくつか異なる意味が含まれる。第一に「大学は高校よりも、科目の選択や時間の使い方が自由だ」という選択肢の多さがある。これはカリキュラムや科目履修の仕組みによるものだ。第二に「講義に出席するかしないか、勉強するかしないかも自由だ」というときの自己決定と自己責任の意味もある。（中略）本章では、それらとは区別して、もうひとつの意味に注目する。すなわち、学生の自由の第三の意味として、試行錯誤と創意工夫の機会がどれだけあるか、ということを考えてみたい。（中略）大学教育では、正解がわからない問いに粘り強く取り組めるようになることが期待されている。問題を定義し、制約条件や使える資源を吟味し、仮説検証を繰り返しながら確かな知見に到達することである。そのためには、自分の頭と手足をフルに動かす試行錯誤と創意工夫の機会が欠かせない。（中略）このような意味での学生の自由は、学問の生命線である。」（pp. 131–132）しかし、筆者が通う○○大学の授業においては、この「学問の生命線」である「試行錯誤と創意工夫の機会」が十分確保されてないのではないかと考えられる。例えば、…

参考文献

1)　井上義和：参加型パラダイムは学生の自由を促進するか？　放任が自由を奪う時代に自由を設計するために，崎山直樹，二宮祐，渡邉浩一編，現場の大学論　大学改革を超えて未来を拓くために，ナカニシヤ出版，2022，131–146.

　上の例では、学生の自由について書かれた文献から、12行に渡って直接引用がされています。途中に「（中略）」を挟むことで、一部省いてはいるものの、自分の論にとって不必要な内容や詳しすぎる説明が多く含まれています。その結果、長すぎて単純に読みにくいのはもちろん、論の流れが読み取りにくい文章になってしまっています。

　上の文章における書き手の論は、引用元の井上が提示した学生の三つの自由のうち、第三の自由に着目し、それが自分の大学において不十分である点を指摘する内容です。したがって、井上自身が自分の文章の目的を述べた部分は、このレポートでの議論にとっては不必要です。また、第三の意味での

自由に着目して問題提起するのであれば、引用元で第一の意味と第二の意味について詳しく説明した部分も、このレポートに取り入れる必要があるかは疑問です。むしろ省いた方が、問題提起までの流れがスムーズになるでしょう。

　そこで、要約引用（間接引用）によって必要な情報を取捨選択して取り入れた例が、下の文章です。

【情報の取捨選択がされている例（要約引用）】
　井上[1] は、学生の自由には「選択肢の多さ」、「自己決定と自己責任」、「試行錯誤と創意工夫の機会」という三つの意味があると指摘し、この第三の意味での学生の自由が「学問の生命線」であると主張している（pp. 131–132）。しかし、筆者が通う○○大学の授業においては、この「学問の生命線」である「試行錯誤と創意工夫の機会」が十分確保されてないのではないかと考えられる。例えば、…

　この例では、引用元の長い文章を、学生の自由の三つの意味の区別と、第三の意味での学生の自由が学問の生命線であるという主張という、二点に要約して引用しています。それにより、引用が一文にすっきりと収まり、自分自身の問題提起へとスムーズにつながっています。なお、恣意的な要約とならないよう、引用元のキーワードを「　」によって直接引用している点にも注目してください。このように、間接引用を基本とし、キーワードを直接引用で適宜取り入れる形をとれば、引用元に忠実でありつつ、自分の論にとって不必要な引用を避けることがしやすくなります。

11.3　引用の具体例：問題の所在を示す

　自分の論の中で引用をうまく活用するためには、引用がどのような場面で必要なのか、また有効なのか、より詳しくみていく必要があります。本節以降は、レポート・論文で引用が行われる代表的な場面を取り上げ、引用の具体例をみていきます。

まず、レポートを書く際には、そのレポートで扱うテーマの背景を明確にすることが重要です。どのようなテーマを扱うにしても、そのテーマについては既に多くのことが語られており、明らかにされているはずです。自分が扱うテーマを明確に定め、そのテーマで何が問題となっているのかを読者に理解してもらうためには、既に語られている事柄や、明らかになっている情報をよく踏まえる必要があります。以下、具体的な場面に即して、引用をしていない文章と、引用を取り入れた文章とを比較しながら、引用の効果をみていきましょう。

【引用をしていない例】
　現在、食品製造業における食品ロスの多さが問題となっており、食品製造業における食品ロス対策を重点的に行う必要がある。

　食品製造業における食品ロス対策をテーマとしたレポートの冒頭部分です。何が問題かは述べられているものの、具体的な情報に乏しく、それがどのように問題となっているのか（問題の所在や背景）が説明されていないため、読者に唐突な印象を与えます。そこで、問題の背景を説明するために引用を取り入れるとよいでしょう。次の文章がその例です。

【引用を取り入れた例】
　現在、食品製造業における食品ロスの多さが問題となっている。2022年度の事業系食品ロスの業種別内訳[1]をみると、事業系食品ロス全体の発生量は279万tであり、そのうち食品製造業は125万t、食品卸売業は13万t、食品小売業は62万t、外食産業は80万tである。ここから、食品製造業では、外食産業・食品小売業・食品卸売業よりも食品ロスが多く発生しており、事業系食品ロス全体の45%近くを占めていることが分かる。つまり、食品製造業における食品ロス対策を重点的に行う必要があると考えられる。

参考文献
1)　農林水産省外食・食文化課食品ロス・リサイクル対策室（2024）「食品ロス及びリサイクルをめぐる情勢（令和6年3月時点版）」, https://www.maff.go.jp/j/shokusan/recycle/syoku_loss/161227_4.

この例では、食品製造業における食品ロスの多さを示すデータを網掛け部分で引用しています。続けて、そのデータの解釈を下線部で簡単に述べた上で、レポートのテーマの導入につなげています。このように、引用を取り入れることで、問題の所在を読者に分かりやすく具体的に示すことができます。

11.4　引用の具体例：キーワードを定義する

あるテーマや問いについて議論する際に、キーワードの定義を明確にしておく必要がある場合があります。そうした場合は、引用が必要になります。なお、先行研究の定義が不十分であるような場合も、なぜ不十分であるかを引用とともに指摘して、自らの定義を示します。

下記は、体験型のカフェをテーマにしたレポートの冒頭部分です。例として「睡眠カフェ」を挙げていますが、その「睡眠カフェ」が何かについての説明がないため、せっかくの具体例のイメージが多くの読者には伝わりません。そのため、続く体験型カフェ一般についての説明にどのようにつながるのかも、はっきりしません。

【引用をしていない例】
近年、様々なアクティビティを体験できる体験型のカフェが出現している。そのようなカフェの一例として、「睡眠カフェ」がある。このような体験型のカフェは、利用者が現代社会の中で抱える忙しさや疲れ、不安などの苦痛を一時的に緩和し、忘れさせてくれる効果を持つ場所となっている。…

そこで、「睡眠カフェ」の定義（説明）を引用によって取り入れるとよいでしょう。下の文章がその例です。この例では、実際に睡眠カフェを運営している会社のウェブサイトから、睡眠カフェの概要についての簡単な説明を引用しています（網掛け部分）。その結果、「睡眠カフェ」についてのイメージを読者に共有でき、体験型カフェ一般についての説明にスムーズにつなげるこ

とができています。

【引用を取り入れた例】

　近年、様々なアクティビティを体験できる体験型のカフェが出現している。そのようなカフェの一例として、「睡眠カフェ」がある。「睡眠カフェ」とは、睡眠について総合的に学び・体験しながら、自宅での眠りの質を高めるための提案をしてもらえるカフェのことであり、その背景には、心理的・身体的要因から生じる睡眠の悩みへの関心の高さがある[1]。このような体験型のカフェは、利用者が現代社会の中で抱える忙しさや疲れ、不安などの苦痛を一時的に緩和し、忘れさせてくれる効果を持つ場所となっている。…

参考文献

1)　ネスカフェ睡眠カフェ：ネスカフェ睡眠カフェin 原宿, n.d.. https://suimin-cafe.jp/#scroll_concept （2024年6月24日最終アクセス）

11.5　引用の具体例：議論の焦点を絞る

　レポート・論文では、限られた分量でより具体的な議論を行うために、焦点を絞り込むことが必要になります。その際に、先行研究における分類や絞り込みを参考に行うと、議論の効果的な絞り込みが可能になります。以下は自分の通う大学における学生の自由について問題提起をする文章です。しかし、学生の自由にも様々なものが考えられるため、これだけでは議論の焦点がぼんやりとしています。

【引用をしていない例】

　筆者が通う○○大学においては、学生の自由が十分に確保されているとは言えないのではないかと考える。例えば、…

　そこで、学生の自由についての先行研究を引用し、学生の自由のどのような側面について論じるのかを明確にするとよいでしょう。自分で焦点を絞ることもできますが、レポートでは先行研究を引用する方が、議論がしやすく

なるでしょう。次の文章がその例です。

【引用を取り入れた例】

　井上[1]は、学生の自由には「選択肢の多さ」、「自己決定と自己責任」、「試行錯誤と創意工夫の機会」という三つの意味があると指摘し、この第三の意味での学生の自由が「学問の生命線」であると主張している（pp. 131–132）。しかし、筆者が通う○○大学の授業においては、この「学問の生命線」である「試行錯誤と創意工夫の機会」が十分確保されてないのではないかと考えられる。そのため、本稿では大学における学生の自由について「試行錯誤と創意工夫の機会」という観点から…

　先行研究から、学生の自由の意味の三分類を引用し、さらに、第三の意味の自由が学問の生命線であるという主張も紹介しています（網掛け部分）。その上で、このレポートでは第三の意味での学生の自由に関して問題提起をする旨を明示しています。先行研究の分類は、妥当性が論理的に説明されているはずですので、議論の焦点化には役に立ちます。

11.6　引用の具体例：同じ立場の主張を示す

　前節までは、レポート・論文で扱う問いやテーマを分かりやすく説明するための引用、つまり序論部分での引用をみていきました。ここからは、本論部分で論を補強するための引用の方法についてみていきます。なお、論文の本論は自分のデータを元にした議論が通常であるため、以下の例はレポートでの引用を念頭に考えていきます。

　本論では、序論で明確にした問いやテーマに対して、自分の論（主張）をいかに組み立てるかを考えなければなりません。ここで引用をうまく活用すれば、自分の論に説得力を持たせることができます。以下、具体的な場面に即して引用を活かす方法をみていきましょう。まずは、同じ立場の主張や論拠を示す場合です。

【引用をしていない例】
　子ども食堂が行う食育活動は、食品ロスの削減にもつながりうる。子ども食堂での食育活動は、子どもたちに食品の生産過程を知ってもらったり、食品生産過程でどれだけの廃棄物が発生しているか体験してもらったりできる。こうした活動を通して、子どもたちは、生活の中での食への関心・意識を高めることができ、ひいては食品ロスの削減にも貢献しうると考えられる。

　子ども食堂での食育活動が食品ロスの削減につながりうる、という主張を述べた文章です。子ども食堂での食育活動によって、子どもたちの食への関心・意識が高まることが、その主張の根拠とされています。しかし、食への関心・意識が高まると、なぜ食品ロスの削減につながるのかが不明瞭です。
　そこで、この論の飛躍を解消できるような論拠を、先行研究から引用できるとよいでしょう。次の文章がその例です。

【引用を取り入れた例】
　子ども食堂が行う食育活動は、食品ロスの削減にもつながりうる。子ども食堂での食育活動は、子どもたちに食品の生産過程を知ってもらったり、食品生産過程でどれだけの廃棄物が発生しているか体験してもらったりできる。こうした活動を通して、子どもたちは、生活の中での食への関心・意識を高めることができる。上岡[1]によると、食品ロス増大の背景の一つには、消費者の食への意識・関心の低下があると言われている。したがって、こうした活動は、食品ロスの削減にも貢献しうるだろう。

参考文献
1)　上岡美保：食生活と食育　農と環境へのアプローチ，農林統計出版，2010.

　食品ロス増大の背景に、食への意識・関心の低下があるとする先行研究を引用しています。この論拠を取り入れることにより、子ども食堂での食育活動が食品ロスの削減につながるという主張に際して論の飛躍がなくなり、説得力を高めることができています。

11.7 引用の具体例：主張に対する具体例を示す

　同じ立場の主張や論拠を示すことだけでなく、自分の論に合った具体例を示すことも、論の説得力の向上に必要なことです。以下例をみていきましょう。

【引用をしていない例】
　ドギーバッグの普及により、外食での食べ残しによる食品ロスの削減が低コストで実現しうる。

　ここでは、ドギーバッグ普及がもたらす食品ロス削減効果を主張しています。しかし、根拠や具体的な事例が示されていないため、説得力に欠けています。そこで、この主張の裏づけとなる具体例を引用するとよいでしょう。次の文章がその例です。

【引用を取り入れた例】
　ドギーバッグの普及により、外食での食べ残しによる食品ロスの削減が低コストで実現しうる。実際に、スコットランドではドギーバッグの普及が及ぼす影響について検証が行われた。具体的には、11のレストランを対象に2014年の3月31日から8週間、1400個以上のボックスを利用したパイロット事業が検証された[1]。計測できた10店舗中9店舗が平均24.3%の食べ残しの削減に成功し、ボックスあたりの持ち帰り量は168g、持ち帰った後に消費された割合は92%だと推計された[1]。また、1ボックスあたりのコストは£0.36であり[1]、コストパフォーマンスも高いことが実証された。日本においては、…

参考文献
1) Exodus Research Ltd and Techview Consultancy: Good to go—Estimating the impact of a formal take-home service on restaurant food waste, 2014. https://www.sustainabilityexchange.ac.uk/good_to_go_estimating_the_impact_of_a_formal_ta（2024年6月24日最終アクセス）

　ドギーバッグ普及により低コストで食品ロスを削減できるという主張の裏付けとなる調査の例を紹介しています。他国の事例なので、日本の文脈に落

とし込むにはさらに議論が必要ですが、この事例を取り入れることで、単に主張のみを記した場合と比べて、説得力が高まっています。

11.8　引用の具体例：データを示す

前節の具体例を示すことに似ていますが、自分の論に合ったデータを示すことも説得力を向上させるために有効です。

【引用をしていない例】

飲食店が配膳ロボットを導入する利点の一つ目は、人件費を削減できるという点である。ロボット自体の価格は人件費よりも低いと考えられるため、ロボット1台に人間1人分の労働をさせれば、人件費を大幅に削減することが可能だろう。…

上の例では、配膳ロボットの導入により、飲食店が人件費を削減できると主張しています。理由も述べられていますが、その理由を支える具体的なデータが示されていないため、やや説得力に欠ける説明になっています。そこで、実際のロボットの価格や人件費のデータを引用して、主張の理由を補強するとよいでしょう。次の文章がその例です。

【引用を取り入れた例】

飲食店が配膳ロボットを導入する利点の一つ目は、人件費を削減できるという点である。例えば、配膳ロボット Servi のレンタル契約の月額プランの場合、3年プランが税別119,800円、5年プランが税別99,800円で、約4時間の充電で10時間ほど稼働する[1]。この価格を参考に、配膳ロボットの場合、1日10時間、月30日稼働し、月に10万円の費用がかかると仮定する。一方で、厚生労働省によると、2023年度の最低賃金時間額（全国加重平均）は1004円である[2]ため、人間が同じ時間労働した場合は、月に30万円かかる。したがって、1台で人間1人分の労働をすると仮定すると、配膳ロボットを導入することで人件費を大幅に削減することが可能である。…

参考文献

1) アイリスオーヤマ：配膳・運搬ロボット Servi アイリスエディション，n.d.. https://www.irisohyama.co.jp/b2b/robotics/products/servi/（2024年6月24日最終アクセス）

2) 厚生労働省：地域別最低賃金の全国一覧，2023. https://www.mhlw.go.jp/stf/seisakunitsuite/bunya/koyou_roudou/roudoukijun/minimumichiran/（2024年6月24日最終アクセス）

　実際の配膳ロボットの導入価格と最低賃金のデータを引用しながら（**網掛け部分**）、ロボットを導入した場合としなかった場合の一月当たりのコストを計算し、比較しています。実際のデータに基づいて具体的な価格を示すことで、「人件費を削減できる」という主張に説得力が生まれています。

　以上、代表的な引用の具体例をいくつかみていきましたが、実際には他にも様々な引用のタイプが存在します。特に論文における引用については、本章で述べた以上に複雑です。基礎を身につけた後に、参考文献などで応用を学んでいくと良いと思います。

個人・ピア活動

| 1 | レポート執筆の一環として、実際に引用を取り入れた文章を書いてみよう。その際、本章で紹介した、不必要な引用を避けるための二つの留意点を意識しよう。 |

| 2 | 1で書いた文章の中で、引用はどのような効果をもっているだろうか。11.3節〜11.8節で挙げた場面で当てはまるものはあるだろうか。自分の言葉でクラスメートに説明してみよう。 |

❶引用不足や過剰引用を避けるための基本を理解する。

- 既存の情報をしっかりと引用し、その上で自分の論を展開することが基本。また、長々とした直接引用を避け、情報を取捨選択して引用する必要がある。

❷問題の所在を説明する際の引用の活かし方を理解する。

- レポートにおける問題の所在を明確にする、テーマに含まれるキーワードの定義を示す、議論の焦点を絞り込むなどの場面に、引用を活かすことができる。

❸自分の論を補強する際の引用の活かし方を理解する。

- 引用を通じて、自分と同じ立場の主張や論拠を示したり、自分の論に合った具体例やデータを示したりすることにより、自分の論の説得力を高めることができる。

参考文献

佐渡島紗織・オリベイラ, ディエゴ・嶼田大海・デルグレゴ, ニコラス (2020)『レポート・論文をさらによくする「引用」ガイド』大修館書店

12

文章を推敲する

> **Point**
>
> 1 文章を推敲するポイントを確認する。
> 2 チェックリストを活用し、自己・ピアで文章を推敲する。

12.1 推敲の流れと方法

　レポート・論文が完成したら、必ず文章を確認することが重要です。理想的には、完成後に1週間から2週間ほど時間を空けてから自己推敲すること、また他者に推敲してもらうと良いでしょう。時間を空けて推敲を行うと、より自己の文章を客観的に見られるようになり、文章作成に入り込んでいる時には気づかなかった問題に気づくようになります。それ以上に、他者の目を入れることが自己の文章を改善することに大きく役立ちます。文章の癖や論理的な問題など、自分では中々気づきにくいこともあるからです。一方で、毎回他者に文章をチェックしてもらうことは現実的ではないので、時間に余裕を持って完成させて、自己推敲をする癖をつけておくと良いでしょう。もしくはChatGPTに推敲してもらうのも一つの手段です。

　推敲は、内容→文章表現→書式の順番で、チェックリストを用いて行うのが効果的です。前章まででみてきたように、レポート・論文には重要なポイ

ントが数多く存在するからです。大枠から詳細の順に、ポイント毎にチェックすることで、レポート・論文の問題点を極力少なくすることが可能になります。本章では、章末にチェックリストを付しますので、レポート作成の際に活用してください。論文については、巻末付録に汎用的なチェックリストを付していますが、分野毎に重要な点が異なりますので、指導教員にも確認をすると良いでしょう。

12.2　内容の推敲（序論・本論・結論・全体）

　まずは、内容の部分毎（序論・本論・結論）の推敲です。序論・本論・結論をチェックし、各部分の情報が過不足なく、一貫性があるかを確認しましょう。文章を書いていく内にアウトライン作成時の計画が多少変わることがありますので、最後につながりを確認する必要があります。適宜、第7章「アウトラインを作成する」で述べた、各部分の役割を再度確認しつつ、作業を行うようにしましょう。

　全体の論を読み手に説得力を持ってわかりやすく伝えるためには、正しい引用、適切なセクション分け、パラグラフ・ライティングが重要になります。引用を正しく行うためには、第5章と第11章、特に第11章の内容を確認しながらチェックをしていきましょう。また、セクション分けは第7章、パラグラフ・ライティングは第10章を参考にしながら、序論・本論・結論の有機的なつながりが、読み手に伝わるように提示できているか確認しましょう。

12.3　文章表現の推敲

　表現の注意点については、第9章で大まかな点を示しています。一つ一つの語・文を確認して、中立的な書き言葉が使えているか、明瞭に、正確に書けているかを確認するようにしましょう。

　なお、自己の文章表現力の限界から、文の明瞭さや一文一義など、自分では適切に直せない部分もあるでしょう。この点は、前節のセクション分け、パラグラフ・ライティングも同様です。そのため、他人（AI）の目を入れるこ

とが重要になってきます。まずは一度、ピアやAIに見てもらい、自分の文章の弱点を認識することから始めましょう。長期的には文章力の向上が重要になってきます。文章力が弱いと自覚したら、論理的な文章の読書量を増やすことをお勧めします。これは英語や他の外国語でも同じですが、インプットが増えれば、それだけアウトプットに活きてくるのです。

　一方で句読点や文体、表記ルールに従っているか、一文が長すぎないか等は、自分でも機械的にチェックできます。そのため、チェックリストを用いて自己推敲を必ず行うようにしましょう。

12.4　書式の推敲

　内容と文章表現の推敲に加えて、書式を推敲することも同様に重要です。この部分がしっかりしていないと、内容にも注意が払われていないとみなされ、レポート・論文の評価を著しく下げることにつながります。書式の不備でレポート・論文を受け付けてもらえないことも珍しくありません。論文では、発行元の学術誌によって、必ず投稿規定と書式が定められており、それに従うことが最低限のマナーです。そのため、定められた規定・書式を元に推敲を行うことが重要です。一方で、レポートの場合は規定が定められている場合とそうでない場合があります。後者の場合は、本書で示す書式に従っておけば間違いがないでしょう。規定の中で、雛形やサンプルを配布している場合も多くありますが、そこから作成したものであっても、必ずミスがないか確認してから提出しましょう。

　推敲作業は時間をかけて行うものですが、様々な理由で時間が十分に取れない場合もあると思います。その場合は、最低限、書式の推敲だけでも行いましょう。書式の推敲は割と機械的にできるため、あまり時間を使わなくても、見た目を大きく向上させることができます。

12.5　チェックリスト

　以下では、主にレポート作成を念頭においたチェックリストを示していま

す。論文の場合には特に内容のチェック項目が異なりますので、巻末付録を確認したり、指導教員に確認したりするようにしましょう。

check	項目：内容（序論）
☐	1.　**背景・動機・問題提起**を具体的に書いていますか。
☐	2.　**問い（目的）**は具体的に書いてありますか。
☐	3.　**本論の流れ（考察の観点）**を示していますか。またその流れは本論の小見出しと一致していますか。
☐	4.　必要な**定義**を示していますか。
check	項目：内容（本論）
☐	1.　本論の内容が、序論で示した内容や流れと一致していますか。
☐	2.　明確な論拠（事実・データ）に基づく、具体的な議論が展開されていますか。
☐	3.　考察が十分に掘り下げられていますか。
☐	4.　論が一方的になっていませんか。 ➡必要であれば反論を予想し反駁を行う。
☐	5.　**図表**を効果的に利用していますか。 ➡ただ提示するだけでなくその図表の意味も説明する。
check	項目：内容（結論）
☐	1.　序論と本論の内容をコンパクトに**まとめ**ていますか。
☐	2.　序論で述べた**問い（目的）に対する答え**を書いていますか。
☐	3.　序論や本論で述べていないことは書いていませんか。
check	項目：内容（全体）
☐	1.　根拠のない主張がありませんか。
☐	2.　**引用が不足**している部分がありませんか。
☐	3.　**過剰な引用**をしていませんか。
☐	4.　**セクション（章、節、項）の分け方**は適切ですか。
☐	5.　**セクションタイトル**は本文の内容を的確に表していますか。
☐	6.　**パラグラフ**は適切に構成されていますか。 ➡中心文と支持文が明確になっているか。 ➡一つのパラグラフに一つの話題だけを提示しているか。

☐	7.	パラグラフ間は自然な流れでつながっていますか。 ➡節／項間も自然につながっているか。 　（節／項タイトルがなくても自然に読めるか） ➡序論・本論・結論で一貫性を持ってつながっているか。
check		**項目：文章表現**
☐	1.	文体は全て**普通体（である体）**の文になっていますか。 ➡丁寧体（です・ます体）の文はないか。 ➡名詞句（体言止め）や箇条書きはないか。
☐	2.	**句読点**は適切な場所に打ってありますか。 ➡一度は声に出して読んでみて、確認する。
☐	3.	**係り受け**に問題はありませんか。 ➡主語・述語のねじれはないか。
☐	4.	**主語・主題**がわからない文はありませんか。
☐	5.	**一文一義**の原則が守られていますか。 ➡長すぎる文がないか。
☐	6.	**主観的な表現**や**曖昧な表現**がありませんか。
☐	7.	意味が**不明瞭な**文はありませんか。
☐	8.	一般的な**表記ルール**に従っていますか。
☐	9.	**誤字・脱字・変換ミス**などはありませんか。
☐	10.	**用語が統一**されていますか。
check		**項目：書式（全体）**
☐	1.	**字数**または**ページ数**は規定通りですか。 ➡字数に含まれるもの・含まれないものを確認しましょう。
☐	2.	原稿の**ファイル形式**は規定通りですか。（例：word/pdf）
☐	3.	原稿の**ファイル名**は規定通りですか。
☐	4.	**原稿の用紙設定（サイズ、余白、一行の文字数、行間など）**は規定通りですか。
☐	5.	本文の**フォント**は規定通りですか。 （例　タイトル・名前：ゴシック体12pt 　　　本文：明朝体10.5pt　英数字：Century 　　　節タイトル：ゴシック体10.5pt）
☐	6.	表紙に必要な情報が記載されていますか。
☐	7.	章・節・項の**小見出しの番号**に不備はありませんか。

check	
☐	8. **ページ番号**の有無・記載方法は規定通りですか。 ➡表紙などがページ数に含まれるかどうかを確認。
☐	9. 英数字が**半角**に統一されていますか。
☐	10. タイトルや番号などの**インデント**は規定通りですか。
☐	11. **記号の使い方**は適切ですか。
☐	12. 段落の行頭に1文字の**空白**を入れていますか。 ※指定の書式によって異なる場合もあり
check	**項目：書式（図表）**
☐	1. **表題（タイトル）**が入っていますか。 ➡表題は図表の中身を的確に表しているか。
☐	2. **表題の位置**は正しいですか。（図の下、表の上）
☐	3. **通し番号**はついていますか。正しいですか。（例：図1）
☐	4. **引用元（出典）**を書いていますか。
☐	5. **縦軸・横軸の説明**はありますか。
☐	6. **単位**は入っていますか。 ➡年号は、論文内統一しているか。和暦・西暦が混ざっていないか。
☐	7. **フォント**は規定通りですか。
☐	8. （指示がある場合）**白黒対応**になっていますか。
check	**項目：書式（参考文献）**
☐	1. 本文中の**引用情報**は**正しい書式**で示されていますか。 ➡引用方式は正しい方式を採用しているか（例：通し番号方式）。 ➡引用情報の挿入位置は正しいか。 ➡著者名や刊行年に間違いはないか。
☐	2. **信頼に値する引用元**を使用していますか。 ➡Wikipedia、ニュースまとめサイト（Yahooニュースなど）、 　真偽が不明な会社のデータなどを使っていないか。
☐	3. **参考文献リスト**は**正しい書式**で示されていますか。 ➡著者名、書籍名、年号、ページ数など、全ての情報が揃っているか。 ➡情報は正しい順番で並べられているか。
☐	4. **参考文献の順番**に不備はありませんか。
☐	5. 本文中の**引用情報と参考文献一覧は対応**していますか。

このチェックリストは、大島弥生・池田玲子・大場理恵子・加納なおみ・高橋淑郎・岩田夏穂（2014）『ピアで学ぶ大学生の日本語表現（第2版）―プロセス重視のレポート作成―』（ひつじ書房）の提出シート17ページを参考に作成。

個人・ピア活動

| 1 | 上記のチェックリストを利用して、書き終えたレポートを自己推敲してみよう。 |

| 2 | 上記のチェックリストを利用して、ピアでお互いの文章を推敲してみよう。 |

[まとめ]

❶文章を推敲するポイントを確認する。

- 完成したら必ず時間をおいて自己推敲をするか、他者に推敲を依頼することが重要。
- 「内容」→「文章表現」→「書式」の順番で、チェックリストを用いて行うのが効果的。

❷ チェックリストを活用し、自己・ピアで文章を推敲する。

- チェックリストを活用して、一つ一つのポイントをしっかり確認することで自身のレポート・論文の問題点を少なくすることができる。

13

実験レポート・卒論作成に向けて

Point

1　実験レポートの特徴を知る。

2　レポートと（卒業）論文の共通点・相違点を理解する。

13.1　実験レポートの特徴と書き方

　レポートにはいくつかの種類があり、本書では論証型のレポートについて詳しく学んできましたが、ここでは実験レポートの書き方をみていきましょう。実験レポートの書き方といっても論証型のレポートと大きな違いがあるわけではなく、**読み手意識を持ち、整然とした論理展開で明瞭簡潔な文章を書くという基本は同じ**です。ただ、論証型のレポートよりも体裁やアウトラインが細かく定められていることが多く、与えられた指示に従う必要があります。特に、低年次で実施する実験は、実験の技術や知識を身につけることを目的としており、方法や手順がほぼ決まっている自由度の低い実験が多いため、考察以外で自分の主張を述べることはあまりありません（見延 2016）。実験レポートの大半はフォーマットに従って作成し、内容も他の受講生と似たようなものになります。しかし、卒業論文を作成する段階になれば、自分自身（あるいはラボ）で設定した「問い」に対して、適切な実験や測定方法を

選んで結論を得ることになるため、一定のフォーマットはあるものの、授業で課される実験レポートよりは応用的な構成になるでしょう。

　実験レポートのアウトラインは、一般的に下記のような構成になります（以下、東京海洋大学海洋生命科学部食品生産科学科「実験レポートの書き方」を参考に執筆）。

【例①】	【例②】
1.　目的	1.　目的
2.　実験装置および方法	2.　理論
3.　結果	3.　実験装置および方法
4.　考察	4.　結論および考察
5.　結論	5.　まとめ
6.　あとがき	6.　参考文献
7.　参考文献	

　主な節（章）の内容を簡単にみていくと、まず「目的」では、「なぜ、この実験をするのか」、「この実験で何を明らかにするのか」ということを述べ、「実験装置および方法」では、使用した実験装置の詳細や模式図、操作手順、条件などを**過去形**で書いていきます。また、他者がレポートを読んで実験を実施した場合に、全く同じ実験ができるように具体的に記述する必要があります。全く同じ実験をするということは、結果も同じにならなければいけないということです（**再現性**の確保）。

　「理論」では、実験結果を理解するために理論を知っていることが必要な場合は、読み手にあらかじめその理論を説明しておく必要があります（これは社会科学のレポートでも同じです）。

　「結果」は、実験経過の説明、観察の所見、実験データの一覧および図、表、計算値等を記述します。測定値を用いて計算をする際は、途中の計算過程も示します。

　「考察」は、得られた結果に対して、他の知見と関連付けて、「予想した結果が得られたか」、「予想外の結果になったのはなぜか」、「得られた結果を他

の問いに応用できるか」、「実験の具体的な改善点」等を理論的に説明していきます。

　実験レポートを作成する際には、図表や数式、模式図などを挿入することが多く、注意しなければならないことがあります。まず表の注意点として、表番号、タイトル、出典はこれまで学んできたものと同じですが、**表の罫線は最小限の横線のみを使用**します（表13.1参照）。また、単位を忘れずに示し、小数点以下も過剰に出力されないように注意しましょう。

　図（グラフ）も基本的には第8章で学んだことと同じです。適切なグラフの種類を選び、読み手が理解しやすい見栄えの良いグラフを作成してください。折れ線グラフの場合は、プロット（○、●、×など）はできるだけ小さくし、プロット同士が重ならないように注意しましょう。また、エクセルでグラフを作成すると、外枠が自動的についてきますが、書式設定で枠線のチェックを外し、**外枠は表示しない**ようにしましょう。縦軸と横軸に単位も忘れずに示してください（図13.1参照）。

表13.1　漁業種類別の生産量の推移

年	遠洋漁業 （トン）	沖合漁業 （トン）	沿岸漁業 （トン）	海面養殖業 （トン）	内水面漁業 （トン）	内水面養殖業 （トン）
2019	328,834	1,976,882	929,737	915,228	21,767	31,216
2020	298,441	2,046,006	870,977	969,649	21,745	29,087
2021	278,766	1,963,232	937,383	926,641	18,904	32,854
2022	261,738	1,803,675	885,579	911,839	22,612	31,503

資料：農林水産省「漁業・養殖業生産統計年報」（2024年）より作成。

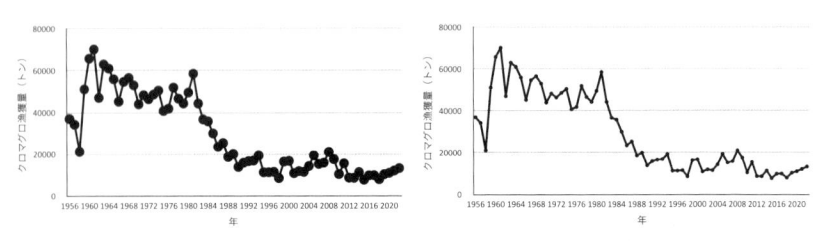

図13.1　クロマグロ漁獲量の推移（左：悪い例、右：良い例）
資料：農林水産省「漁業・養殖業生産統計年報」（2024年）より作成。

数式を示す場合は、必ず改行し、ワードの挿入タブにある「数式」などを利用して作成し、右端に番号を示してください。数式や単位、専門用語、省略形、イタリック指定などは、分野によって細かいルールがあるので、必要に応じてインターネットや専門書籍で確認してください。

13.2　卒論作成に向けて

　次に卒論作成に向けて、卒論とはどういうものかについてみていきます。そもそも卒論とレポートは何が違うのでしょうか。レポートも卒業論文も情報やデータを調べ、自分の主張を展開することは共通していますが、論文はこれまで誰もやっていないテーマを設定して、問いに対する答えを見つけなければいけません。つまり、卒業論文には**新規性・独創性（オリジナリティ）が求められます**。では、卒論テーマに新規性・独創性があるかどうかは、どうやって確かめればよいのでしょうか。

　卒業論文や学術論文にとりかかる際は、テーマに関連する先行研究を片っ端から読むという作業から始めます。テーマによっては先行研究が少ないものもありますが、全くないということはないでしょう。第4章でも述べられているように、私たちが現在取り組もうとしている研究は、先人の研究の上に成り立っており、皆さんの卒業論文もその先人の研究に加わることになるのです。関連する論文をできるだけ多く読んで、自分が問題意識を持っているテーマについて、どこまでが明らかにされていてるのかを調べます。既に明らかになっていること、まだわかっていないことを提示し、自分の研究がこれまで誰も行ってこなかったことを示す必要があります。自分の研究にオリジナリティや意義があると主張するためには、先行研究を読み、**研究レビュー**として示す必要があります。研究レビューがない論文は、論文として認めないという分野も多く存在します。また、自分が取り組むテーマの全体像を把握し、研究を網羅的に理解するためにも研究レビューを書くという作業は論文の中で非常に重要になります。

　レポートと論文の違いとしてもう一つ挙げられるのが、データの入手方法です。論文の多くは自分で集めたデータを用いて分析をします。質的研究で

あれば、事例対象へのヒアリング調査やアンケート調査、参与観察といった手法を用いてデータを収集し、理系の論文であれば実験等によってデータを得ます。また、官公庁などが公開している統計を使って、計量分析をすることもあります。論文執筆者が自分自身で集めたデータを一次データと言い、公開されている統計情報や文献を二次データと言います。レポートでも身の回りの人に話を聞いて、自分で情報を収集することがありますが、提出期限などの制約から論文のようなデータを集めることは難しく、ほとんどが二次データの利用になります。自分で集めたデータであっても、図表を作成する際は、「聞きとり調査に基づき作成」といったような出所を示す必要があります。自分で撮影した画像を載せる場合は、「筆者撮影」と示して下さい。

　このように、レポートと論文にはいくつか違いはありますが、作成の手順や文章表現、引用方法、パラグラフ・ライティング、図表の作成方法等はこれまで学んできたレポートの書き方と同じ、もしくは少しの応用で対応できます。したがって、卒論作成の準備として本書に書かれている基礎をしっかり身につけておきましょう。

［ まとめ ］

❶実験レポートの特徴を知る。

- 論証型のレポートと同じく、読み手意識を持ち、整然とした論理展開で明瞭簡潔な文章を書く。
- レポートの体裁や書式、構成は決まっていることが多いため、フォーマットに従って作成する。

❷レポートと（卒業）論文の共通点・相違点を理解する。

- レポートとは異なり、卒論には独創性（オリジナリティ）が求められ、先行研究のレビューによって自分の研究の独創性を証明する必要がある。
- 論文は一次データ、レポートは二次データを用いることが多く、論文のデータはヒアリング調査やアンケート、参与観察、実験等によって入手

する。

- レポートも卒論も作成の手順や文章表現、引用方法、パラグラフ・ライティング、図表の作成方法等は同じ、もしくは少しの応用で対応できる。そのため、卒論作成の準備としてレポートの書き方の基礎をしっかり身につけておこう。

参考文献

見延庄士郎（2016）『新版　理系のためのレポート・論文完全ナビ』講談社
　▶本書は理系の大学生・大学院生を対象に、レポートや卒論の書き方を網羅的に示しており、基礎的な作法に加えて、簡潔明快な文章表現の方法、図表の示し方、卒論の作成手順等をわかりやすく説明してくれている書籍です。

Column 6　論文における新規性と独創性

　卒論も含め、論文には新規性・独創性という点が求められます。この二つを聞くと、「全く新しい、誰も考えたことのない発見をしなければいけない」と考えてしまうかもしれませんが、そうではありません。これまで研究されたトピックについて、対象、手法や観点を変えて研究を行ったりすることでも、新規性・独創性が認められると言えます。もちろん目的と照らし合わせてそのような研究の必要性も主張できなければいけませんが、対象、手法、観点の違いで、先行研究と結果が変わってくることや、異なる事実が明らかになる可能性があるからです。

　論文を書く際には、そのような点も含めて、先行研究の情報収集をしっかり行い、自分が行う研究のどの点が、既存の研究と異なるのか（つまり「新規性」や「独創性」があるのか）をしっかりと記述をしなければなりません。この点はゼミ教員が論文指導の際に心得ているので、アドバイスをしてくれるとは思いますが、最終的に論文を執筆するのは自分です。時には指導教員のアドバイスが不適当であることもあるかもしれません。ですので、しっかりと情報収集を行い、情報を消化し、自分の研究の立ち位置を明確に説明できるようにならなければいけません。

14

適切な発表をする

Point

1 発表活動の重要性を理解する。

2 発表者としての心得を知る。

3 聞き手としての心得を知る。

4 質疑応答の礼儀と流れを知る。

14.1 発表の心得

　レポートや研究の発表の場には、授業内の発表や卒論中間発表会、卒論発表会、学術会議（学会）、セミナーなど、様々な機会があります。このような発表の場はなぜ設けられているのでしょうか。

　発表者側のメリットは、最新の研究成果を共有できる、取り組み内容や研究結果の整理ができる、聴衆から研究の発展につながるフィードバックを受け取れるというものがあります。聴衆側のメリットとしては、新たなアイデアや情報の獲得、自身の研究に刺激を受けるといったものがあります。他の研究者が現在どのような研究に取り組んでいるのか、また最新の研究成果はどのようなものなのか、直接聞いて、議論し合うというのは、知的欲求の向上にもつながる大変有意義な機会です。

　授業内の発表会、卒業論文の発表会などでも、同様の効果が期待されます。そのため、話し手側も聞き手側もお互いに刺激をし合うという意識を持

って参加することが重要になります。聞き手側としても、しっかりと発表内容に耳を傾け、積極的に質問やフィードバックをするようにしましょう。以下では、発表者としての心得と、聞き手としての心得をみていきましょう。

14.2　発表者としての心得

著名な講演者・著作家であるジョン・マックスウェルは、コミュニケーションにおいて他者とつながるために重要な準備として、①**自分を知ること**、②**聴衆を知ること**、③**内容を知ること**を挙げています（マックスウェル 2012）。プレゼンテーションも一種のコミュニケーションですから、当然これらの準備が重要になってきます。

アカデミックな文脈の場合は特に内容が重要になります。いくら聴衆を惹きつける話し方をしたとしても、中身がなければもちろん評価されません。逆に話し方に難があっても内容が素晴らしければ評価されることも多くあります。まずはプレゼンテーションの中身をしっかり洗練させて、聴衆に対して興味深い内容を伝えられるようにしましょう。また、中身を何度も確認して、自分自身がしっかり理解できているかも確かめるようにしましょう。よく見られる失敗として、自分自身がよくわかっていないにも関わらず、他人の情報や人から言われたことをプレゼン内容に入れてしまうことがあります。自分が知らないこと、理解していないことは人には伝わりません。プレゼン内容はしっかり理解するように努めましょう。

次に聴衆を意識して、彼らが何を求めているかを考えましょう。その中でも多くの聞き手に共通して求めるものとして次の3点があります。

1)　時間通りに終わっているか
2)　話が聞き取れ、理解できるか
3)　スライドがわかりやすく、しっかり理解できるか

時間通りに終わらず、特に大幅な時間超過があると、聞き手はうんざりします。時間超過は要点がまとめられていない証拠ですし、何よりその後にス

ケジュールに影響し、他人に迷惑がかかります。また、話が聞き取れない、理解できない場合も聞いている方はストレスがたまります。スライドが小さくて見えない、読んで理解できない、スライドの説明がないなどの場合も同様です。聴衆にわかる言葉で、時に専門用語は説明を補ったりしながら、丁寧に話すことが重要です。図表を提示する場合は縦軸や横軸、単位などを明確にすることも心がけましょう。

　最後に自分を知ることも重要です。自分が人前で話をするときにどのような傾向を持っているのかを認識した上で準備をするということです。緊張しがちな人の場合は、何度も練習をすることで克服ができます。滑舌が悪い人も同様に何度もうまく話す練習が必要でしょう。早口になることがわかっていれば、ゆっくり話す意識をするようにしましょう。声が小さい場合は事前にどれくらいの声を出せば聴衆に聞こえるのかを確認するようにできるでしょう。また、鏡の前や友人の前でリハーサルをすることで、自分の課題を認識することができます。

　プレゼンをする時に緊張をしてしまう人も多いでしょう。しかし、上記の準備がしっかりできていれば、たとえ多少緊張してしまっても良いプレゼンテーションになります。場数を踏んでいけば緊張しなくなるのも、経験的に上記の準備ができてくるからだと思います。そのため、学生のみなさんは発表のリハーサルをすることが不可欠です。**時間を計りながらリハーサルを繰り返しましょう**。質疑応答に関しても、質問されそうなところを予測し、回答を用意しておくと、慌てずに済むかもしれません。

14.3　聞き手としての心得

　聞き手は、**質問を積極的にする**ことが求められます。質問をするということは、「あなたのテーマに関心を持っていますよ」という意思表示になります。「私がしなくても誰かがするだろう」という考えで質問をしなかったり、質問を求められて「特にありません」と答えたりするのは避けましょう。「あなたの発表に興味ありません」と言っているのと同じことになるのです。また、良い質問をすることによって、発表者のレポートをより良いものにする

手助けができます。

　学生としてありがちな問題として、どのような質問をしたら良いかわからないという問題があります。しかしそれは「こんな質問くだらないのではないか」と考えて、質問のハードルを上げてしまっているかもしれません。どのような質問でも基本的には相手のためになると考えて良いと思います。たとえば、質問には以下のような種類がありますが、Aであれば思い浮かぶと思います。

　A.　発表内容の追加説明を求める質問
　B.　発表内容の論理展開を追求する質問
　C.　発表内容との関連事項や応用についての質問

　話をしっかりと聞いていて理解できなかったのは、話し手の説明が十分でなかったということですので、それについて質問することは、話し手に説明不足を気づかせる良い質問です。

　以下、どのような質問が可能なのか例を挙げますので、質問するのを躊躇してしまう人は、参考にすると良いでしょう。

A. 説明を求める質問		例
1	意味や定義を求める	●…とは、どのような意味でしょうか。 ●…とは、例えば、どのようなことでしょうか。 ●…とは、つまり、…ということでしょうか。
2	詳細な説明を求める	●…について＊＊が理解できなったのですが、もう少し説明していただけませんか。
3	データの信憑性を求める	●そのデータの出どころはどちらでしょうか。
B. 論理を追求する質問		例
1	理論を追求する	●その事実／事例／数字などから、なぜそう言えるのでしょうか。
2	意味・重要性を追求する	●その事実がもつ意味は何でしょうか。
3	根拠を追求する	●なぜその事実を根拠としたのですか。 ●それ以外はありませんか。

4	**解釈**を追求する	● その事実からは、XでなくYとも解釈できるのではないでしょうか。
5	**論理のズレ**を追求する	● タイトル／目的／結論がずれているのではありませんか。
	C. 関連や応用の質問	**例**
1	**他のケース**を聞く	● 他にはどんなものがありますか。 ● 他には何に応用できると思いますか。
2	**別の状況**を聞く	● …の状況だったら、どうなると思いますか。 ● …と比較して、どう思いますか。
3	**今後**を聞く	● 今後どうなると思いますか。 ● 今後、どう深めていく予定ですか。

14.4 質疑応答の礼儀と流れ

質疑応答は礼儀を心得て、適切に行う必要があります。質問の仕方や答え方が適切でないと発表会の運営がスムーズにいきません。発表に対してのお礼から始まり、答えに対するお礼で終わりましょう。はじめのお礼で、発表者が回答をしやすくなり、おわりのお礼で、質問が完結していることがわかり、次の質問にスムーズに移れるようになります。

	礼儀	**例**
1	（自己紹介）＆発表のお礼	（○○の○○です。）ご発表ありがとうございました。
2	質問箇所＆質問	● …とおっしゃっていたのですが、…なのでしょうか。 ● 質問が2点あります。1点目は…
3	回答に対してのお礼	お答えいただき、ありがとうございました。

なお、回答者としての質疑応答の流れは以下の通りです。こちらもお礼からはじめ、回答をします。答えられない場合は、言い訳などをせずに、素直にそのように回答しましょう。また、答えが適切か自信がない場合は確認をすると良いでしょう。

	礼儀	例
1	発表のお礼	ご質問ありがとうございます。
2	質問の答え	● …については、…です。 ● それについては、十分調べていませんでした。ご指摘は…の面からも重要だと思いますので、今後調べ、レポートに反映させたいと思います。 ● たしかに…という面もありますが、ここでは…という意図から…しました。
3	（確認）	（このような回答でよろしいでしょうか。）

個人・ピア活動

1	パワーポイントの録音機能もしくは録画機能を使って、プレゼンテーションを録音・録画をしてみよう。録音・録画はスムーズに時間内に終わるようになるまで繰り返そう。

2	1について、自分でまたはピアと点検を行おう。点検では「スライドは適切か」、「話すスピードは適切か」、「時間配分や構成は適切か」「わかりにくい部分や言葉はないか」などを確認しよう。

まとめ

❶発表活動の重要性を理解する。
- 学会や発表会は、話し手にも聞き手にも有益なもの。

❷発表者としての心得を知る。
- 内容、聴衆、自分を理解して、適切な発表を行おう。
- 事前練習をして、スムーズな発表を行おう。

❸聞き手としての心得を知る。

- 相手に不利益を及ぼす質問はない。積極的に質問をしよう。

❹質疑応答の礼儀と流れを知る。

- 話し手も聞き手も相手への礼儀をわきまえた、適切な質疑応答を心がけよう。

参考文献

ジョン・C・マックスウェル (2012)『「つながり」力―結果が出せる人になる―』(上原裕美子訳) 辰巳出版 (原著は 2010)

▶コミュニケーションによって人とつながるための原理・原則が書かれています。プレゼンにおいてだけでなく、様々な状況においての話が書かれていますので、コミュニケーション力を向上したい人にお勧めの一冊です。

Column 7 | 卒論のゼミ選び

　卒論を作成するプロセスは、研究分野や研究室によって大きく異なります。学生自身が問いを深めることが重要ですが、研究室によっては研究手法が確立されており、学生自身の裁量が大きくないこともあります。重要なのは、そのような研究室の特質も含めてゼミ選びをするということです。

　研究テーマ、研究スタイル、研究手法、ゼミ運営の方法、教員の性格、ゼミの人数、ゼミ内部の人間関係など考慮する点が様々あります。各学科で、人気のゼミは出てくるのですが、上記を考えると当然人気のゼミを選ぶことが正解とは限りません。自身の興味と合うだけでなく、研究スタイルも合うかどうかについても検討しながらゼミ選びを考えましょう。

　また、大学院への進学を考えている場合は、複数の教員や先輩にその旨を相談すると良いでしょう。進学するかどうかで卒論の取り組み方も変わってくるでしょうし、教員の指導も変わってくる可能性があります。自分の希望をしっかりと伝えることで、サポートが受けやすくなります。

15

メールを送る

Point

1　メールの特徴と機能を知る。

2　基本的なメールの書き方を学ぶ。

15.1　メールの特徴

　現在、世の中には様々なコミュニケーションツールが登場し、連絡手段として この30年ほど主流であった電子メール（以下、メール）は徐々に利用が減ってきました。大学新1年生の中には、メールを送ったことがないという人も多いのではないでしょうか。スマホを持っていれば、ほとんどの人がメールのアカウント自体は持っていると思いますが、ネットショッピングでの注文やアプリの登録のために使うだけで、メールで友人・知人とやり取りすることはないと思います。家族や友人、あるいは直接会ったことがない人とも、LINEなどのSNSが連絡手段として使われるようになりました。これは若い世代に限ったことではなく、幅広い世代で同じような傾向にあると言えます。

　こうした傾向は、ビジネスでも見られ、例えば社内での連絡や情報共有はメールではなく、ビジネスに特化したコミュニケーションツール（LINE

WORKS、Slack、Microsoft Teams、Garoon など）が使われることが多くなりました。一方で、社外の相手と連絡をとるときは、依然としてメールが使われることも多く、現代のビジネスパーソンは様々な連絡手段を使い分けています。将来的には、メールの利用は減っていくことが予想されますが、まだしばらくはメールも重要な連絡手段として位置づけられるでしょう。

大学生の皆さんも、大学の教職員に授業や履修の質問をしたり、就職活動で企業と面接の日程調整をしたり、卒業論文でヒアリング調査先に調査協力の依頼をしたりと、これから様々な場面でメールを利用することになります。そのためには、メールの基本的な機能やメール送信時のマナーを知っておく必要があります。

では、メールはどのような特徴があるのかを、大学生が毎日使っているであろう LINE と適宜比較しながらみましょう。

メールアドレス

メールを送るときは相手のメールアドレスを知る必要があります。このメールアドレスは世界に一つだけで、同じものは存在しません。メールアドレスは、大学の教員の場合は、ホームページの教員紹介や学内の情報システムなどから入手することができますが、外部の人とやり取りする場合は、名刺をもらったり、許可を得て人づてに聞くなどして知ることになります。また、特定のグループに送る場合は、**メーリングリスト**と呼ばれる仕組みが利用でき、メンバーを登録したアドレスからメールを送ることができます。

履歴・検索

メールは送受信の履歴が残り、後から内容を確認することができます。双方に履歴が残るので、口頭でのやり取りと違い、「伝えた」「伝えてない」という議論に発展することはありません。検索性も高く、内容別にフォルダに振り分けることもできます。

添付ファイル

メールには添付ファイルという機能があり、メッセージとともにワードや

エクセル、PDFといったファイルを送ることができます。写真も送ることができますが、添付ファイルの容量には上限があり、その容量は使用しているサーバーによって異なります。写真は数枚添付すると、送れなくなってしまうことがあり、動画の添付は難しいことが多いです。したがって、メールで写真や動画を送る場合は、クラウドやファイル送信サービスを利用し、メッセージにリンクを張り付け、相手にダウンロードしてもらう方法が一般的です。Gmailの場合、容量の大きいファイルを添付すると、自動的にこの様な設定になります。写真や動画の送付に関しては、LINEなどのSNSで送る方が圧倒的に便利だと言えます。

レスポンス

メールは手紙とは違い瞬時に相手に送ることができ、電話のように時間を気にして連絡する必要もありません。相手も見たいときにメールを見ることができます。メールには相手の時間を拘束しないというメリットがある一方で、相手がそのメールを見たかどうかは、返信がない限り、送った側にはわからないというデメリットもあります。また、**迷惑メール**に振り分けられて、相手がメールに気づいていないというケースもあります。LINEの場合は、相手がメッセージを見ると「既読」が表示されますが、メールの場合はそのような機能はありません（開封確認ができる場合もあります）。返事がこない場合は、受信しているかどうかを確認するメールを送るなどしてください。ただし、絶対に返事があるとは限りません。また、メールはLINEのように、会話的（チャット）なやり取りには適していません。メールは形式的な文章や丁寧な文章で作成する必要があり、チャットのように短い応答を続けることには向いていません。なお、メールは一度送ってしまうと取り消すことはできません。

15.2　メールの基本的な機能と書き方

大学に入ると、大学からメールアドレスが付与されます。最近は多くの大学がGmailを採用していますので、Gmailを例に、メールの基本的な機能と書

き方をみていきましょう。Gmailの新規メッセージの「作成」ボタンをクリックすると、下記のような画面が出てきます。

図15.1　Gmailの新規メッセージ作成画面

①宛先 (To)

　宛先はメールを送る相手のことで、ここに相手のメールアドレスを入力します。**Cc** は参考までに送っておきたい人や情報共有をしておきたい人がいる場合に使います。Ccの入ったメールに返信するときは、必ず「**全員に返信**」してください。途中でCcを外されると、情報が途切れてしまい、余計な手間や混乱が発生してしまします。**Bcc** はToやCcの人には表示されず、送ったことを知られないようにする場合に利用します。例えば、不特定多数の人にメールを送る場合、個人情報であるメールアドレスが他の人に知られないようにするために、Bccを使います。

②件名

　件名は、メールの内容が一目でわかるような、簡潔でわかりやすいものにしてください。スマホからメールを送る場合に件名が抜けていることがあり

ますが、**件名は必ず書いて**ください。後からメールを見返す際に、わかりやすい件名をつけていると検索が容易になります。

③書式の変更

本文の文章の文字の大きさやフォントを変更することができます。基本的には使わなくても大丈夫です。

④添付ファイル

添付ファイルがある場合、クリップマークをクリックして、ファイルを選択し、添付します。

次に、メールの書き方をみていきましょう。メールの文体は送る相手によって変わってきますが、基本的には丁寧な文章を心がけてください。相手の立場に合わせて、敬語、謙譲語、尊敬語を使い、明瞭な文章を書くことを意識しましょう。メールの文面はインターネットで検索すると、場面別に例文が出てきますので、適宜参考にしてください。ここでは、大学生が大学の先生にメールを送ることを想定して、メールの形式を考えてみましょう。

例えば、授業の課題をメールで提出する場合は、図15.2のようなメールになります。件名には、メールの目的を簡潔に示し、誰宛なのかを必ず書きましょう。また、自分の名前も必ず明記してください。スマホから送っていると考えられるメールには差出人不明のメールが散見されますので、スマホでメールを作成する場合は、件名や自分の名前など必要事項に漏れがないか、送信前に確認してください。

本文は、レポートで序論・本論・結論があるのと同じように、**書き出し・本題・書き終わり**の三つの部分があります。本文の書き出しは、決まりはありませんが、「こんにちは」や「お世話になっております」、「いつもご指導ありがとうございます」などの定型あいさつ文から始め、名乗るのが一般的です。直前にやり取りがあった場合は「先日の訪問ではご対応くださりありがとうございました」など、御礼を書き出しにするのも良いでしょう。また、返信メールでは「ご連絡ありがとうございます」という書き出しが一般的で

す。本題の内容は明瞭簡潔にまとめてください。伝達事項や確認事項が多い
メールを送るときは、ポイントを箇条書きにしたり、ナンバリングして見出
しをつけるなど、相手が理解、応答しやすい文章を作成しましょう。また、
内容の要点を最初に書くとわかりやすくなります。なお、１行が長くなる場
合は適度に改行してください。書き終わりは「〜よろしくお願い致します」と
いう表現が定型的です。書き出しと書き終わりには定型表現がありますが、
内容によって多少調整をするように心がけましょう。

　添付ファイルがある場合は、本文中に添付ファイルがあるということを明
記し、忘れないように添付しましょう。そして最後に、メールの本文に署名
をして送信します。署名は自動的に入力されるようにあらかじめ設定してお
けば、毎回入力する必要はなくなります。

　また、問い合わせのメールに返事があった場合や、自分に問い合わせのメ
ールが来た場合は、**必ずお礼や回答の返信**をしてください。返信の際も毎回
宛名や署名を忘れずに明記してください。

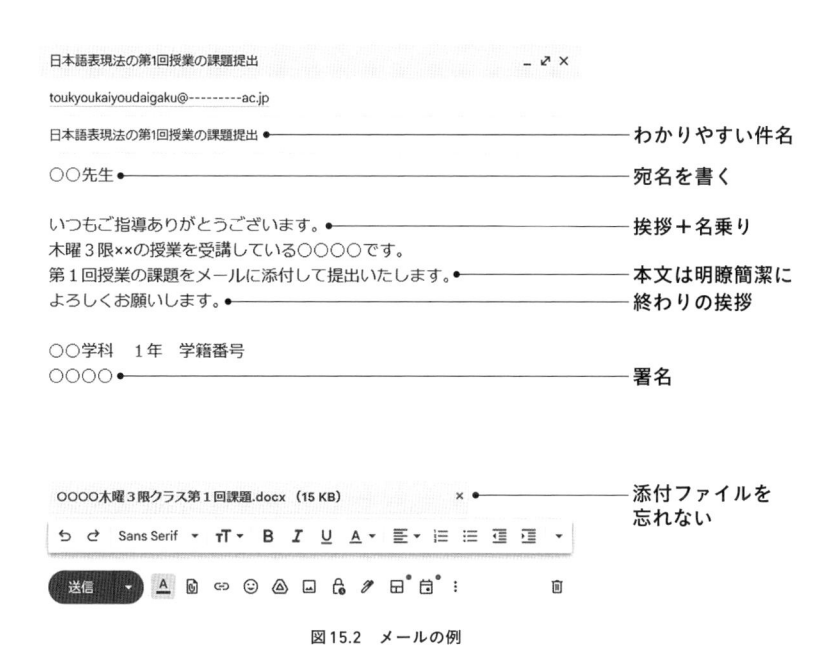

図15.2　メールの例

15.3　メールの送信・受信の注意点

　メールを送信・受信するときは以下のようなことに注意してください（矢野監修 2022 を参考に作成）。基本的には、第1章で伝えた「読み手意識」が重要になります。メールを受け取る相手の立場に立って、**相手の都合や気持ちに配慮した丁寧なメール作成**を心がけましょう。

【送信時】
- 宛先のメールアドレスに間違いはないか。
- Ccのメールは「全員に返信」にしているか。
- 件名を書き忘れていないか、わかりやすく簡潔に書かれているか。
- 宛名と自分の名前を書いているか。
- 本文は丁寧な文章で、誤字脱字はないか。
- 相手の立場に合わせた表現ができているか。
- 本文が長い場合は適度に改行し、箇条書きなどの工夫をしているか。
- 本文の最後に署名をしているか。
- 添付ファイルを本文で知らせているか、添付忘れをしていないか。
- 大きなサイズの添付ファイルを送っていないか。
- 他の人に見られて困るような内容を書いていないか。
- 相手の都合を考えずに、一方的な要望を押し付けるようなメールを送っていないか。

【受信時】
- 差出人に心当たりのない怪しいメールは、本文のリンクなど絶対に開かず、削除する。
- ウイルスの感染を防ぐためウイルス対策を万全にする。
- 他人からのメールを勝手に転送しない。

　最近の迷惑メールは巧妙にメールを開かせ、ウイルスに感染させたり、詐欺サイトに誘導したりします。スマホやパソコンのウイルス対策を万全にす

るとともに、迷惑メールに関する知識を常にアップデートすることが重要です。ウイルスに感染すると、自分のパソコンだけでなくメールを送った相手やネットワーク全体にばら撒いてしまうこともあります。現在、多くの大学で情報倫理の講座を開講していますので、必ず受講し、自分のパソコンや情報を守りましょう。

個人・ピア活動

1. メール実践課題1「欠席連絡」：あなたは今朝発熱をしてしまい、山田先生の授業「日本語表現法」に出られません。山田先生に欠席連絡のメールを送りましょう。

2. メール実践課題2「確認依頼」：山田先生の「海洋政策概論」の授業で小レポートの課題が出されました。締め切り前の6月20日にメールで提出したにも関わらず、後日メールで「未提出者」として提出の催促メールを受け取りました。山田先生に確認依頼のメールを送りましょう。

3. メール実践課題3「面談の依頼」：あなたは大学院進学について教員の山田先生に相談したいと思っています。相談の依頼と日程調整のメールを送りましょう。

4. メール実践課題4「アポ取りメール」：あなたは、昨日大学で行われたシンポジウムで、港南区役所まちづくり課の主任、田中恵理子さんに会いました。その際に口頭で、区の防災活動についてインタビュー調査を行う約束をしました。メールでインタビューの具体的な日時のアポを取ってください。あなたの現在のスケジュールをもとにアポ取りをしましょう。

❶メールの特徴と機能を知る。

- 大学生活でメールの基礎的な知識を身につけ、正しく使用しよう。

❷基本的なメールの書き方を学ぶ。

- メールを送る際には、件名をわかりやすく示し、ファイルの添付忘れや誤字脱字などに気をつけよう。また受信時には、ウイルス感染を防ぐため、怪しいメールは絶対に開かないようにしよう。
- 相手の都合を無視して、一方的に要望を押し付けるようなメールを送ってはならない。礼儀とマナーを持ってメールを送ろう。

参考文献

矢野文彦 (監) (2022)『情報リテラシー教科書─Windows 11 ／ office 2021 対応版─』オーム社

卒業論文の調査依頼

　卒業研究では、施設を借りたり、アンケートを送ったり、実験に参加してもらったり、インタビューを実施したりと、様々な人に協力してもらうことがあります。協力を依頼する際には、電話やメールを用いますが、会ったこともない相手に連絡を取ることは、かなり緊張します。これまで私のゼミの卒論生もどのような文章であれば失礼がないか、調査に応じてくれるか、ということを長時間逡巡してメールを作成していました。卒論の協力依頼のメールは様々な場面が想定されるので、例文を示すことは難しいですが、突然のメールに対するお詫びとともに卒論の内容、依頼内容などを明確に記してください。また、協力の可否を一度聞いてから、具体的な日程などの話を進めましょう。最初のメールで日時を指定するのは、強引な印象をもたれると思います。

　相手にとっては突然連絡が来るので、戸惑うこともあるかと思いますが、少々文章が拙くても最低限のマナーと誠意があれば、多くの方は好意的に感じてくれます。自分たちも同じ道を通ってきたということもあり、大学生の卒業論文に快く協力してくれる方は多いです。ただ、なかには相手が調査に応じてくれることを前提としたメールや、調査の趣旨が全く伝わらないようなメールを書いていた学生もいましたので、送る前に一度、指導教員の先生にチェックしてもらうことをお勧めします。

卒論・論文チェックリスト

check	項目：内容（序論）
☐	1. **背景・動機・問題提起**は具体的に書いていますか。
☐	2. **問い（目的）**は具体的に書いていますか。
☐	3. 必要に応じて、本論の流れを示していますか。また、その流れが本論の小見出しと一致していますか。
☐	4. **先行研究**を適切にまとめ、そこから自身の**研究の必要性（重要性）**を示せていますか。
☐	5. 本論に重要な**理論・概念・定義**を説明していますか。
☐	6. 調査や実験などの**研究手続き**（調査対象・手順・日時・期間など）について、再現可能な形で提示されていますか。
☐	7. 調査対象者のプライバシーが配慮されていますか。
check	**項目：内容（本論）**
☐	1. 本論の内容が、序論で示した内容や流れと一致していますか。
☐	2. 調査・実験などで得られた**データ**が、客観的かつ明確に提示されていますか。
☐	3. **図表**を効果的に活用していますか。 ➡ただ提示するだけでなくその図表の意味も説明しているか。
☐	4. 得られたデータに対する、**考察**がされていますか。また、既存の情報や調査／実験結果と、考察を混同した書き方になっていませんか。
☐	5. 論が一方的になっていませんか。 ➡必要であれば反論を予想し反駁を行う。
check	**項目：内容（結論）**
☐	1. 序論と本論の内容をコンパクトに**まとめ**ていますか。
☐	2. 序論で述べた**問い（目的）に対する答え**を書いていますか。
☐	3. 序論や本論で述べていないことは書いていませんか。
☐	4. **研究の限界や今後の課題**について述べられていますか。

check	項目：内容（全体）
☐	1. 根拠のない主張がありませんか。
☐	2. **引用が不足**している部分がありませんか。
☐	3. **過剰な引用**をしていませんか。
☐	4. **セクション（章・節・項）**の分け方は適切ですか。
☐	5. **セクションタイトル**は本文の内容を的確に表していますか。
☐	6. **パラグラフ**は適切に構成されていますか。 ➡中心文と支持文が明確になっているか。 ➡一つのパラグラフに一つの話題だけを提示しているか。
☐	7. パラグラフ間は自然な流れでつながっていますか。 ➡節／項間も自然につながっているか。 　（節／項タイトルがなくても自然に読めるか） ➡序論・本論・結論で一貫性を持ってつながっているか。
check	**項目：文章表現**
☐	1. 文体は全て**普通体（である体）**の文になっていますか。 ➡丁寧体（です・ます体）の文はないか。 ➡名詞句（体言止め）や箇条書きはないか。
☐	2. **句読点**は適切な場所に打ってありますか。 ➡一度は声に出して読んでみて、確認する。
☐	3. **係り受け**に問題はありませんか。 ➡主語・述語のねじれはないか。
☐	4. **主語・主題**が不明瞭な文はありませんか。
☐	5. **一文一義**の原則が守られていますか。 ➡長すぎる文がありませんか。
☐	6. **主観的な表現**や**曖昧な表現**がありませんか。
☐	7. 意味が**不明瞭な**文はありませんか。
☐	8. 一般的な**表記ルール**に従っていますか。
☐	9. **誤字・脱字・変換ミス**などはありませんか。
☐	10. **用語が統一**されていますか。

check	項目：書式（全体）
☐	1. 指定された**雛型（テンプレート）**が使用されていますか。
☐	2. **字数**または**ページ数**は規定通りですか。 ➡字数に含まれるもの・含まれないものを確認する。
☐	3. 原稿の**ファイル形式**は規定通りですか。（例：word/pdf）
☐	4. 原稿の**ファイル名**は規定通りですか。
☐	5. **原稿の用紙設定**（サイズ、余白、一行の文字数、行間など）は 規定通りですか。
☐	6. 本文の**フォント**は規定通りですか。
☐	7. **表紙**に必要な情報が記載されていますか。
☐	8. 章・節・項の**小見出しの番号**に不備はありませんか。
☐	9. **ページ番号**の有無・記載方法は規定通りですか。 ➡表紙などがページ数に含まれるかどうかを確認する。
☐	10. 英数字が**半角**になっていますか。
☐	11. タイトルや番号などの**インデント**は規定通りですか。
☐	12. **記号の使い方**は適切ですか。
☐	13. 段落の行頭に1文字の**空白**を入れていますか。 ※指定の書式によって異なる場合もあり
check	項目：書式（図表）
☐	1. **表題**（タイトル）が入っていますか。
☐	2. **表題の位置**は正しいですか。（例：図の下、表の上）
☐	3. **通し番号**はついていますか。正しいですか。（例：図1）
☐	4. **引用元（出典）**を書いていますか。
☐	5. **縦軸・横軸の説明**はありますか。
☐	6. **単位**は入っていますか。 ➡年号は、論文内統一していますか。和暦・西暦が混ざっていないか。
☐	7. **フォント**は規定通りですか。

☐	8.	（指示がある場合）**白黒対応**になっていますか。
check		**項目：書式（参考文献）**
☐	1.	本文中の**引用情報**は**正しい書式**で示されていますか。 ➡引用方式は規定通りか。 ➡引用情報の挿入位置は正しいか。
☐	2.	**信頼に値する引用元**を使用していますか。
☐	3.	**参考文献リスト**は**正しい書式**で示されていますか。 ➡著者名、書籍名、年号、ページ数など、全ての情報が揃っているか。 ➡情報は正しい順番で並べられているか。
☐	4.	**参考文献の情報**に間違いはありませんか。
☐	5.	**参考文献の順番**に不備はありませんか。
☐	6.	本文中の**引用情報と参考文献一覧は対応**していますか。
check		**項目：要旨**
☐	1.	要旨は、**指定通りの書式**で作成されていますか。
☐	2.	研究の**目的・方法・結果・考察**が簡潔に書かれていますか。
check		**項目：その他**
☐	1.	必要に応じて、**謝辞**が記載されていますか。
☐	2.	必要に応じて、**付録**として調査票などを含めていますか。

このチェックリストは、大島弥生・池田玲子・大場理恵子・加納なおみ・高橋淑郎・岩田夏穂（2014）『ピアで学ぶ大学生の日本語表現（第2版）―プロセス重視のレポート作成―』（ひつじ書房）の提出シート17ページを参考に作成。

文献の種類ごとの書誌情報の示し方

　参考文献リストにどのような書誌情報を載せるかは、文献の種類（書籍、論文、新聞記事など）によって異なります。また、一つの文献の様々な書誌情報を並べる順序や形式は、著者年方式と通し番号方式とで異なります。そこで、以下では、文献の種類ごとに、著者年方式と通し番号方式それぞれでの書誌情報の記し方をみていきます。なお、参考文献の書式は学術誌ごとに細かな違いがありますので、ここで示すのは一例です。

書籍（単行本）
● 基本の形
［著者年方式］

入谷純・加茂知幸（2016）『経済数学』東洋経済新報社

木村明憲（2023）『自己調整学習―主体的な学習者を育む方法と実践―』明治図書

日本学術振興会「科学の健全な発展のために」編集委員会編（2015）『科学の健全な発展のために―誠実な科学者の心得―』丸善出版

［通し番号方式］

1)　木村明憲：自己調整学習　主体的な学習者を育む方法と実践，明治図書，2023.

2)　入谷純，加茂知幸：経済数学，東洋経済新報社，2016.

3)　日本学術振興会「科学の健全な発展のために」編集委員会編：科学の健全な発展のために　誠実な科学者の心得，丸善出版，2015.

● 翻訳書の場合
　原著の著者名の表記に注意。著者年方式では、姓（ラストネーム）を先に記し、カンマ（,）を打った上で、名（ファーストネーム）を後に記す。通し番号

方式では、ファーストネームをイニシャルにして先に記す場合もある。いずれの場合も、原著者名のアルファベットでの綴りも示す。また、「〜訳」のように、翻訳者の名前も記す。

[著者年方式]

マラニー，トーマス S.・レア，クリストファー（Mullaney, Thomas S. & Rea, Christopher）(2023)『リサーチのはじめかた—「きみの問い」を見つけ、育て、伝える方法—』(安原和見訳) 筑摩書房 (原著は 2022)

[通し番号方式]

1) T. S. マラニー，C. レア（T. S. Mullaney and C. Rea）：リサーチのはじめかた 「きみの問い」を見つけ、育て、伝える方法，安原和見訳，筑摩書房，2023.

● 章ごとに執筆者が異なる書籍で、特定の章のみを参照した場合

[著者年方式]

井上義和 (2022)「参加型パラダイムは学生の自由を促進するか？—放任が自由を奪う時代に自由を設計するために—」崎山直樹・二宮祐・渡邉浩一編『現場の大学論—大学改革を超えて未来を拓くために』(pp. 131–146) ナカニシヤ出版

[通し番号方式]

1) 井上義和：参加型パラダイムは学生の自由を促進するか？ 放任が自由を奪う時代に自由を設計するために，崎山直樹，二宮祐，渡邉浩一編，現場の大学論 大学改革を超えて未来を拓くために，ナカニシヤ出版，2022，131–146.

論文

[著者年方式]

田中孝平 (2022)「高校・大学間における教育接続タイプの特徴」『大学教育学

会誌』44(1): 150–159.

Loh, R. C. Y. & Ang, C. S. (2020). Unravelling cooperative learning in higher education. *Research in Social Sciences and Technology*, 5 (2), 22–39.

［通し番号方式］

1)　田中孝平：高校・大学間における教育接続タイプの特徴，大学教育学会誌，44(1)，150–159，2022.

2)　R.C.Y. Loh, C.S. Ang. Unravelling cooperative learning in higher education. *Research in Social Sciences and Technology*, 5 (2), 22–39, 2020.

新聞記事

［著者年方式］

「消費期限前食品値引き 本部推奨―セブン―」（2024年4月20日）『読売新聞』朝刊、東京本社版、6面

末崎毅（2023年12月20日）「ローソンAI値引き、来年度に全国展開へ―おにぎりやパン対象―」『朝日新聞』朝刊、東京本社版、6面

［通し番号方式］

1)　末崎毅：ローソンAI値引き、来年度に全国展開へ　おにぎりやパン対象，朝日新聞，朝刊，東京本社版，6面，2023，12月20日.

2)　消費期限前食品値引き 本部推奨　セブン，読売新聞朝刊，東京本社版、6面，2024，4月20日.

インターネット上の文献

　発行年が不明の場合、「n.d.」と書く。

［著者年方式］

NHK（2024、2月16日）「ニューヨーク市 IT各社を提訴 "SNSが若者の精神面に悪影響"」https://www3.nhk.or.jp/news/html/20240216/k10014361211000.html（0000年00月00日最終アクセス）

環境省（n.d.）「食品ロスポータルサイト―食べ物を捨てない社会へ―」https://

www.env.go.jp/recycle/foodloss/index.html（0000年00月00日最終アクセス）

水谷禎志（2024、4月24日）「持ち帰り容器再利用プラットフォーム、日本でも広まるか？」野村総合研究所ウェブサイト、https://www.nri.com/jp/knowledge/blog/lst/2024/iis/mizutani/0424_1（0000年00月00日最終アクセス）

文部科学省（2022）「学校基本調査」https://www.e-stat.go.jp/stat-search/files?page=1&toukei=00400001&tstat=000001011528（0000年00月00日最終アクセス）

［通し番号方式］

1)　文部科学省：学校基本調査, 2022. https://www.e-stat.go.jp/stat-search/files?page=1&toukei=00400001&tstat=000001011528（0000年00月00日最終アクセス）

2)　水谷禎志：持ち帰り容器再利用プラットフォーム，日本でも広まるか？，野村総合研究所ウェブサイト，2024，4月24日. https://www.nri.com/jp/knowledge/blog/lst/2024/iis/mizutani/0424_1（0000年00月00日最終アクセス）

3)　NHK：ニューヨーク市 IT各社を提訴 "SNSが若者の精神面に悪影響"，2024，2月16日. https://www3.nhk.or.jp/news/html/20240216/k10014361211000.html（0000年00月00日最終アクセス）

4)　環境省：食品ロスポータルサイト　食べ物を捨てない社会へ，n.d.. https://www.env.go.jp/recycle/foodloss/index.html（0000年00月00日最終アクセス）

執筆者紹介

編者

今村圭介 (いまむら けいすけ)

[1・2・3・4・6・9・12・14章、コラム1・2・3・4・6・7、巻末付録1]

東京海洋大学学術研究院海洋政策文化学部門、准教授。

首都大学東京大学院人文科学研究科修了（博士（日本語教育学））。

編者

原田幸子 (はらだ さちこ)

[7・8・13・15章、コラム5・8]

東京海洋大学学術研究院海洋政策文化学部門、准教授。

東京海洋大学大学院海洋科学技術研究科修了（博士（海洋科学））。

伊藤茉莉奈 (いとう まりな)

[8・9章]

早稲田大学日本語教育研究センター、非常勤インストラクター。

早稲田大学大学院日本語教育研究科博士課程修了（博士（日本語教育学））。

宇賀持綾子 (うがもち あやこ)

[12・14章]

国際基督教大学・東京海洋大学、非常勤講師。

シェフィールド大学応用言語学修士課程修了（修士（応用言語学））。

小畑美奈恵 (おばた みなえ)

[4・9章]

創価大学総合学習支援センター、助教。

早稲田大学大学院日本語教育研究科修士課程修了（修士（日本語教育学））。

後藤大輔 (ごとう だいすけ)

[5・10・11章、巻末付録2]

東京海洋大学、非常勤講師。

早稲田大学大学院政治学研究科博士後期課程在学中（修士（政治学））。

プロセスで学ぶ大学生のレポート・論文作成

Essay and Thesis Writing for University Students: A Step-by-Step Guide

Edited by Imamura Keisuke and Harada Sachiko

発行	2025 年 3 月 21 日　初版 1 刷
定価	1800 円＋税
編者	©今村圭介・原田幸子
発行者	松本功
ブックデザイン	大崎善治
印刷・製本所	株式会社 精興社
発行所	株式会社 ひつじ書房
	〒112-0011 東京都文京区千石 2-1-2　大和ビル 2 階
	Tel.03-5319-4916　Fax.03-5319-4917
	郵便振替 00120-8-142852
	toiawase@hituzi.co.jp　https://www.hituzi.co.jp/

ISBN978-4-8234-1290-5